"Un Nuevo Suspiro"

Poemas, Cuentos y Cartas para Enamorados

Compre este libro en línea visitando www.trafford.com/07-2724
o por correo electrónico escribiendo a orders@trafford.com

La gran mayoría de los títulos de Trafford Publishing también están
disponibles en las principales tiendas de libros en línea.

Aviso a Bibliotecarios: La catalogación bibliográfica de este libro se encuentra en la base de datos de la Biblioteca y Archivos del Canadá. Estos datos se pueden obtener a través de la siguiente página web: www.collectionscanada.ca/amicus/index-e.html

ISBN: 978-1-4251-6013-5

En Trafford Publishing creemos en la responsabilidad que todos, tanto individuos como empresas, tenemos al tomar decisiones cabales cuando estas tienen impactos sociales y ecológicos. Usted, en su posición de lector y autor, apoya estas iniciativas de responsabilidad social y ecológica cada vez que compra un libro impreso por Trafford Publishing o cada vez que publica mediante nuestros servicios de publicación. Para conocer más acerca de cómo usted contribuye a estas iniciativas, por favor visite:http://www.trafford.com/publicacionresponsable.html

Nuestra misión es ofrecer eficientemente el mejor y más exhaustivo servicio de publicación de libros en el mundo, facilitando el éxito de cada autor. Para conocer más acerca de cómo publicar su libro a su manera y hacerlo disponible alrededor del mundo, visítenos en la dirección www.trafford.com/4501

www.trafford.com/4501

Para Norteamérica y el mundo entero
llamadas sin cargo: 1 888 232 4444 (USA & Canadá)
teléfono: 250 383 6864 • fax: 250 383 6804
correo electrónico: info@trafford.com

Para el Reino Unido & Europa
teléfono: +44 (0)1865 722 113 • tarifa local: 0845 230 9601
facsímile: +44 (0)1865 722 868 • correo electronico: info.uk@trafford.com

10 9 8 7 6 5 4 3 2 1

El Camino

"Levanto la vista y me temo perdido.

Volteo la mirada y reconozco haber caminado.

Y de pronto... de pronto ya no estoy tan perdido."

Raúl Eugenio

Prólogo Póstumo

16 de julio de 1996

Querido nieto,

Creo no haberme equivocado al clasificar tus primeros poemas y reflexiones en noviembre de 1992 con una sencilla claridad; el poeta Campoamor 1817 – 1901 describe a poetas y filósofos en el siguiente verso:

Habla el Poeta: **¡Oh vida encantadora,**
ved que cosas tan bellas:
luz de sol, luz de luna, luz de aurora,
flores, mujeres, pájaros y estrellas!
Y el filósofo dice: **¡Oh triste vida,**
gozo en aborrecerte,
pues me ofreces los males sin medida,
hastío, enfermedad, vejez y muerte!

Así tus versos, querido nieto, parecen escritos por un filósofo moderno, que combinado con la descripción poética, se interpretan así:

¡Todo en el amor… es triste;
más triste y todo… es lo mejor que existe!

Corto tiempo, para tu corta edad y expresar tus hondas penas y tus dichas soñadas. Espero que en el transcurso de los años continúes agregando otros muchos poemas, con el estilo tan peculiar y fuera de toda forma tradicional. Podrán ser difíciles de interpretar, pero es necesario el cambio de lo que hemos leído hasta la fecha y en la juventud está el cambio.

Y mi recomendación final: nunca, nunca, nunca, te des por vencido

C.P. Ramón de la Garza G.
(1921 – 2005)

Este libro está dedicado a mi abuelo
Ramón de la Garza
D.E.P.

Índice de Contendido

POEMAS

CUENTOS

CARTAS PARA ENAMORADOS

POEMAS

Así

Así con tus manos de porcelana,
con tus labios de caricia,
y tus veintitantas canas,
Te amo así

Buscando el suspiro que perdí,
así con tus alas de colibrí,
con tus ojos de niña feliz,
Te amo así

Bailando desnuda en la lluvia,
con tus brazos abiertos en furia,
así con tu pelo pintado,
Te amo así

Así como si no fuera suficiente,
así desafiando a la gente,
así rozando tus labios,
Te amo así

Compañía y Amor

¿Qué te digo sino adiós?
No a tu persona ni compañía,
sino a duras penas a tu amor

No al que sientes y tocas,
no al que te hace suspirar como loca,
Ese que se quede o se vaya,
ese no me beneficia ni me daña

Hablo del que siento yo por ti,
aquel que me duele sin fin,
El que sigue aferrado a tus ojos,
el que no entiende de palabras o enojos

Sí, el que llora y ríe,
el que no dejas se enfríe,
Eso es lo que me sofoca,
me mata, acaricia y estorba

Tú quédate o vete,
eres bienvenida a quererte,
Sufre todo o goza,
guarda si quieres mis locuras en tu boca

Algún día sabré que decirte,
de tu persona y de cómo sentirte,
Ahora apenas me doy cuenta,
de un nuevo dolor en mi puerta

¿Qué te digo sino adiós?
No a tu persona ni compañía
sino a duras penas a tu amor

¿Dónde estas?

Sobre mi escritorio…

una foto gris,

fría, elegante y muda.

Una memoria que en las noches no me ayuda.

Un recuerdo de tu sonrisa que mis sueños inunda.

No puedo besar,

el gris dentro del marco.

No puedo abrazar,

con fuego esos labios.

Pero esta noche no me preocupa,

pues aún yaces a mi lado.

Lágrimas de Santo

Quisiera pedirte perdón,
por tener en boca lo que tengo
por estar a punto de romper
la última promesa que te debo,
pero, no puedo... no quiero,
ante la razón, por sentir, me ciego

¿Está mal sentir que no me importa?
¿Romper cada palabra que salió de mi boca?
No me hierve la sangre por violar lo que quise
pues me puede más que se apague una estrella
a pretender mantener eso que enamorado dije

Me puede más que se apague una estrella,
y es la nuestra que lucía tan bella,
la que engreída nació de tu mirada y la mía,
la que se vestía del satín de nuestra alegría,
esa que brillaba con cada uno de nuestros besos,
y nos abrazaba cuando de la distancia éramos presos,
esa única que nos cuidaba de nosotros mismos

Me puede que repentinamente se haya apagado,
me puede más el pensar que nosotros la apagamos.

Asesinos...
no,
yo no puedo ser asesino
aunque lo sienta,
tu ya me vestiste de santo,
y enterraste dos alas de algún ángel que hoy lamenta.

¿Notaste cómo sangré cuando lo hacías?

¿Supiste cuántos huesos rompiste por verme como querías?
¿Sentiste cómo me rasgabas al amarrarlas con palabras?
¿Cómo pudiste cortarle a ese ángel sus alas?

No...
no quiero saber que hiciste con el ángel al que se las arrancaste...
Aunque sé que a él no le dolió ni la mitad de lo que en mi dejaste.

¡Quítame esta sotana que me quema!
No me veo bien de santo,
nunca pedí cargar con esta pena
y tu, me regalaste hasta altar y canto

Quisiera pedirte perdón
por decirte lo que dije no diría,
pero ya ves, no soy un santo
y tu hace tiempo que no eres mía

¿Cómo?

¿Cómo acompañar a la soledad,
queriendo tomar todo un río?
¿Cómo correr sin cansad,
queriendo vaciar este vacío?

¿Cómo volar sin alas,
queriendo pensar sin saber?
¿Cómo envejecer sin canas,
queriendo amar sin querer?

¿Cómo poder lo imposible,
queriendo olvidar a quien amas?
¿Cómo ver lo invisible,
queriendo congelar estas llamas?

¿Cómo huir de la muerte,
queriendo parar sin detenerte?
¿Cómo confiar en la suerte,
queriendo amar sin tenerte?

¿Cómo vencer sin ganar,
queriendo ser doctor sin paciente?
¿Cómo poder sin tratar,
queriendo soñar sin ti en mente?

¿Cómo dar la espalda al amor,
queriendo escapar de tu sombra?
¿Cómo quitarle a mi vida tu sabor,
queriendo así matar mi honra?

¿Cómo deshacerme de *algo* que en realidad nunca tuve?

Ahora

Nunca pensé…
que llegaría a esta posición,
tanto te amé,
se convirtió en obsesión

Dentro de mi…
se desenvuelve un nuevo ser,
cuando te vi,
mi ilusión ya no puede ver

Algún tiempo atrás…
cuando mis penas todavía no existían,
decirlo jamás,
sé que nunca me lo creerías

Para que seguir…
soñando en lo que pudo haber,
imposible vivir,
en un sueño que no debió ser

Ilusión pueril…
que gracias a tanto sufrir,
como rocío de abril,
ahora dejó de existir

Cuando un Ángel se va

Amargo es el sabor de una hermosa memoria
si se quiso de verdad
Lastima la Fe y mancha el alma
si no se puede recuperar

Lágrimas dulces,
alaridos del corazón
mas todos estos sentimientos
no son comparación,
al agudo y frío destino
de aquel que traiciona al amor

Pues cuando un ángel se va,
todo pierde sentido
Llora sangre el corazón
y se queda solo en el camino

Ausente Zafiro

Musa irreal
que moras en mis fantasías
Pecado de Adán
que mis noches iluminas

Lluvia de estrellas
que perturba mi mente
Entre dos mil doncellas
la más sobresaliente

Ausente zafiro
que enriquece mis sueños
Ardiente suspiro
de mis dulces empeños

Te extraño aun sin conocerte
mientras mariposeas en mi mente
¿Será pecado el no verte?
Dime tú si mi corazón me miente

Roba hoy el sentimiento que por ti sufro
o llena tu ser del mismo canto
No me regales otro amor sin fruto
Si te quedas ámame como yo te amo

Un Ayer

Ayer regresaste…
en memorias de mi piel
De lino estandarte
vestiste mi ser

Ayer me tocaste…
con un sueño de pasión
Fue un amargo instante
tan sólo una vaga ilusión

Ayer me miraste…
y quemaste mi voluntad
Pues de día te marchaste
y conocí a la soledad

Ayer robaste…
el sueño que no será
Y el corazón que besaste
a mí nunca más regresará

Un circo de colores

En un circo de colores
mi corazón suspira
En un circo de colores
gané una gran amiga

Entre luces y sabores
perdí una sonrisa
En un circo de colores
añore su caricia

En el cielo la luna baila
y las nubes salen a jugar
mas ninguna se compara
con su dulce suspirar

La paloma vuela… mas no sabe soñar
Una estrella brilla… mas no sabe llorar
El corazón siente… mas no sabe besar

En cambio ella, luna bella
brilla, llora, siente, besa y me hace volar
Por favor no permitas que algún día
mi ángel bello deje de soñar

Diseño de su Sonrisa

Yace su piel junto a mí
y la sonrisa que nunca conocí
Sueña sueños soñados
sueña fantasías a mi lado

Preguntaba ayer a Dios
si así la pensó,
si diseñó su voz
cual hizo su corazón

Preguntaba cuanto tardó
cuando a ella creó
Y si acaso lloró
cuando a su sonrisa llegó

Hoy ya no pregunto nada
sólo aprecio a mi amada
Admiro un verso en su cara
cuando su sonrisa cruza mi mirada

Hoy sé que en siete días
Dios creó cielo, tierra y lagos,
pero al diseñar su sonrisa
Dios creó los milagros

Despedida

¿Cómo decirle adiós
a los que no volverán?
Y pensar que junto a Dios
pronto van a cantar

¿Cómo demostrarles el amor
que en vida te formaron?
Dejando una semilla en el corazón
que ellos mismos te plantaron

¿Cuánta gente extrañará
sus risas y miradas?
¿Quién no recordará
sus caricias ya pasadas?

Ángel de la eternidad
que pronto nos has de recibir
Para este tiempo criminal
para poderme despedir

Dame un siglo nada más
para poder expresarles
Por lo que nunca jamás
podré yo olvidarles

Olvídame

Ve y goza tus amores,
ve sin voltear a los rincones
Donde yo abrazo tu historia,
donde me convertiste en memoria

Sal y destroza lo que tuvimos,
sal y regala tus cariños
Los que un día fueron míos,
los que me hicieron llorar ríos

Regresa mi luna que te bajé,
regresa la estrella que te inventé
Olvida mis caricias en tu piel,
olvida esas noches de miel

Nadie dijo que el amor existe,
ni que un día lo quisiste
Aún así te lo regalé,
aún así no te olvidaré

Olvida mis ganas de tocar tus manos,
olvida como te lloran mis labios
Olvida el martirio que ese día me diste
y si puedes… olvida que también yo te quise

Dices... solo dices

Dices que te vas,
mas no veo la puerta abrirse
Que no fingirás más,
pues nunca me quisiste

Dices que como yo muchos
¿Por qué los compararás conmigo?
Que ya no te importo escucho
¿Por qué te importará lo que digo?

Dices ya no amarme,
aún así sé que me extrañas
Juras no volver a mirarme,
mientras te observo tras mis ventanas

Dices que fui un error
y aún te ven suspirar
Dices que no fue amor
y aún no me puedes olvidar

Que sólo fui desilusión,
yo digo que ardo en tu memoria
Que no te causo emoción
y sólo te miro y estas en la gloria

Yo no te quiero ver llorar,
ni ver triste, sola o muerta
Pero cuando te vayas
y por fin dejes de hablar
No me importa lo que hagas,
sólo cierra la puerta

Negación

No lloro por haberte perdido,
aunque duele igual
Lloro por tu destino,
en el que no me dejas estar

Me duele despedirme de mi musa,
de esa pasión y paz
Duele más despertar sin ella,
Y ser privado de su faz

Amigos no lo intenten,
no consuelen mi dolor,
pues sólo hieren,
a un ya dolido corazón

No me digan que se lo pierde,
que nadie la tratará como yo,
que nadie aguantará sus locuras,
ni las amará junto con luna y sol

Amigos no lo digan,
no me hagan entrar en razón
Por que puedo creerles algún día
y llorará más mi cielo y humor

Díganme que encontrará otro,
alguien bueno y fiel
Digan que lo encontrará pronto
y abrazara lo que yo acaricié

Alguien que toque su alma,
donde yo viví
Que la llene de risa y calma,
misma que le di

Díganme que la amará como a nadie
y vivirá de su ser
Que no le mienta ni cambie,
sino la deje brillar y crecer

Amigos no me digan que no existe,
otro que la trate como yo,
pues me duele más eso,
que ya no ser dueño de su amor.

Resentimiento

¡Oh cruel corazón!
Por ti con envidia y lástima radico
Pues me bañaste en amor
mas sólo soledad salpico

Me miras con ternura
y me abrazas de suspiros
Mas me es ajena tu hermosura
que me brota en cada latido

Coraje de envidia
por los correspondidos
Rabia a muerte en vida
por mis amores pasivos

¡Oh cruel corazón!
Odio haberte conocido,
pues me bañaste en amor
y me olvidaste en el hastío

Llagas de Soledad

Llora la soledad
cristales de agonía
Perdiendo su amistad
su mejor compañía

Gime por mi sonrisa
le duele mi felicidad
Odia la nueva conquista
que le priva de mi lealtad

Se ahoga en gritos
diciendo: "¡Pronto volverás!"
Confiando en los mitos
donde todo vuelve atrás

No me esperes soledad bella,
no me guardas lugar en tu corazón
Pues ahora sólo es ella,
la que domina mi Fe y amor

Aún sufre, pues ya no lo tiene,
aún añora, las charlas del hastío
Y muere, pues como todos no quiere,
perder para siempre a su mejor amigo

Plegaria

Mira mis ojos…
¿Qué ves?

Toca mi alma…
¿Cómo es?

Acaricia mi suspiro…
¿Qué sientes?

Entra en mi mente…
Pero no pienses

Vive en mis sueños
Pero no los robes

Toca mi corazón…
Pero no lo tomes

Tuyo es todo
Lo que de mí domines

Úsalo todo…
Pero no me lastimes

Hoy

Hoy lloré como nunca había llorado,
Hoy pensé, lo que nunca había pensado,
Hoy reí como nunca había reído,
Pues hoy la quise, lo que nunca la había querido

Hoy le hablé y fue como siempre le hablaba,
Hoy la recordé de una forma que no recordaba,
Hoy la lloré, por lo que nunca le había llorado,
Pues hoy amé como nunca había amado

Hoy conté, lo que nunca había contado,
Hoy sentí, lo que nunca había sentido,
Hoy la odié como nunca había odiado,
Porque hoy la amé como nunca la había amado

Hoy arreglé, lo que nunca me atreví arreglar,
Hoy terminé, lo que nunca debió empezar,
Hoy sufrí, por lo que nunca había sufrido,
Porque hoy la amé, dejando de ser su mejor amigo

Hoy temblé, como nunca había temblado,
Hoy juré, lo que nunca había jurado,
Hoy encontré, lo que todos han buscado,
Y hoy la amé, aunque ella nunca me haya amado

Confusión

Confusión…
rayos de hiel,
Intención…
gotas de miel,
Voluntad…
entregarme sin condición,
Pensad… no quiero terminar en traición

Comienzo…
corazones rotos,
Confieso…
como ella pocos,
Presiento…
un nuevo querer,
Consiento… algo que no puedo ver

Quisiera…
más que una amistad,
Pudiera…
herir en vez de amar,
Contar…
¿Para qué sin apoyo?
Soledad… soy charco, ella arroyo

Disimular…
sin saber que va a pasar,
Tratar…
sin saber como empezar,
Miedo…
al rechazo y tiempo,
Solución… lo que siento por dentro

Luna

Testiga ciega de mi amor,
cómplice mudo de su sabor
Tú que pudiste verme,
dime si ella ha de quererme

¿Volveré acaso a verla?
¿Podré acaso tenerla?
Dime tú si la conoces,
Dime si la oiré entre las voces

¿Acaso un sueño estuve gozando?
Entonces es lo que estaba buscando,
Mis ojos no volveré a abrir,
Soñando, así quiero vivir

Si esto ya es historia
y queda sólo una memoria
Mi amor por ella guardaré,
dile que jamás la olvidaré

Soñar

Soñar…
Un insoñable sueño
Buscar…
Tu codiciado empeño

Ver…
Lo que tu corazón oculta
Ser…
Lo que tus sentimientos buscan

Tener…
Lo que a ti te falte
Poder…
Lo que tenga darte

Sentir…
Lo que provoca tus lágrimas
Pedir…
Tus risas, llantos y más

Dejar…
Que mi corazón domine
Dar…
Lo que tus labios piden

Querer…
Lo que tu mirada atraiga
Beber…
Tu compañía que me embriaga

Olvidar…
Que soy sólo un amigo
Soñar…
Hasta que vengas conmigo

Será

Será esa dulce compañía,
que contigo yo sentía,
la que me hizo amarte tanto,
Ahora tu partida no la aguanto

Será tu forma de verme,
la que me hace quererte
Impulsada por ese corto rato,
que por tenerlo, mato.

Será tu forma de ocultarlo,
la que hace imposible olvidarlo,
Que por un momento lo sentimos
y ahora por eso sufrimos

Será que no quiero tu amistad,
sino otra oportunidad
Que sé, no vendrá sola,
pero por ella, hago cola

Será ese engaño que sientes,
sólo una mentira que consientes,
o será que tengo miedo de quererte,
por amarte y encima no tenerte.

Fantasma de tu amor

Déjame ser,
como vela en tu corazón
Déjame ver,
lo que enloquece tu razón

Quiero vivir,
en ese rincón de tu alma
Quiero reír,
cuando sientas que me amas

Sueño dormir,
en tus ganas de mirarme
Sueño sentir,
tus latidos sin cansarme

Permíteme llegar,
al más profundo suspiro
Permíteme robar,
tus cinco sentidos

Dame tu mal,
yo me preocuparé por ti
Dame tu manantial,
de sueños y sentir

Déjame poder,
sentir tu ardor
Déjame ser,
el fantasma de tu amor

Metamorfosis

Ese canto que te llena,
la alegría que te apena
Esa sonrisa disimulada,
cuando te derrites a su pasada

Esos nervios por dentro,
que hace sentirte contento
Esa chispa de energía
y tu aspecto de alegría

Esa emoción que sientes,
cuando te tiemblan los dientes
El sufrir cuando no llama,
que hace te crezca una cana

Esas noches sin dormir,
pensando que has de sentir
Esas ganas de gritarlo,
sin saber cómo va a tomarlo

Tantas cosas por decirle,
ideas que parecen desfile
Detalles que te enloquecen
y no te importa lo que piensen

Sólo significa una cosa,
no es viruela ni aftosa
Lo que te pegó por dentro,
es amor, disfruta el momento

Tu día

Hoy en tu día,
el cielo llora de alegría,
al recordar esta fecha hermosa,
cuando el mundo recibió una rosa

Anda, mírate orgullosa,
pues este día no es cualquier cosa
Es el día en que naciste
y demuestra que Dios existe

Este ramo no merece,
ser tu regalo, aunque parece,
tener un tinte de lindura,
que aún no llega a tu hermosura

Este día es tu día,
que nada cambie tu alegría
Sabes, todas tus amistades
anhelan gritarlo: ¡Felicidades!

Una Rosa

Una rosa,
para esta niña hermosa,
que aunque no es su día,
no es excusa par esta mi alegría,
que siento cuando te recuerdo
y me hace bolas el cerebro
Hoy te recordé aunque con prisa
y no he podido borrar esta estúpida sonrisa

Una rosa roja no es una flor,
es la misma esencia del amor
Es un signo de atracción
y el comienzo de la pasión
Si fuese blanca en otra ocasión,
sería el lazo de una unión
La caricia de una amistad
o la muestra de lealtad

Por eso y otros secretos corazón,
jamás confundas a una rosa con una flor

Niña Mía

Niña del corazón herido,
de mis dolores, el consentido
Tus lágrimas él ya no merece,
pues de amor sólo carece

Confíame ese corazón usado
y pensarás que nada ha pasado
Lo curaré con vendas de amor
y caricias del corazón

Jamás te podría defraudar,
pues el amor no me dejará,
ya que deseo sólo una cosa,
ver feliz a tu cara hermosa

Sé que no me podrás entender,
pero hay algo que debes saber,
cuando dije que hay alguien mejor,
lo dije del fondo de mi corazón

Hay alguien que te ama,
ya no llores en tu cama
Tu misión es sólo encontrarlo,
aunque por el mundo tengas que buscarlo

Aún y así amigos te sobran
y estarán ahí cuando te dispongas
Son los que siempre te calman
y lo hace porque a ti te aman

Eres

Pena de mis penas,
Llave de mis condenas,
Amor de mis sueños,
Magia de mi empeño

Caricia del corazón,
Torrente de mi amor,
Dueña de mi ser,
Agua de mi sed

Fruto de mi altar,
Fuerza de mi voluntad,
Palabra de mi pensamiento,
Mirada en el viento

Esperanza de lo imposible,
Señal de lo que existe,
Fuente de mi energía,
Sonrisa de mi alegría

Fantasma de mis poemas,
Inspiración de mi vida,
Suspiro entre las voces,
Luz de mis noches

Eres simplemente el
ánimo de mi persona
y la niña que más me emociona

Interior

Aguda flama de pasión,
velada en la prisión de mí ser
Oprimida está sin razón,
sin codicia a florecer

Vedada a surgir al sol,
enervada por omisión
En el páramo una flor,
helada en la hoguera del corazón

Afligido cirio bajo la lucerna,
baladro intenso sin voz,
cándida placidez que me consterna,
pleno estío sin sol

Rosa invisible en mí ser,
que nadie se preocupa por coger,
inmenso mar de amor,
preso en la pecera de mi corazón

Si Tuviera un Pincel

Hay hormigas en mis venas,
juntas todas y dispersas
Van bailando de arteria en arteria,
cosquillando mi alma sin pena

Imagino su danza de colores,
veo la estampa de sus pasiones
Tan claro y absurdo pero real,
hormigas traviesas de cristal

Si tuviera un pincel trataría,
si lo tuviera aquí pintaría,
la magia del hormiguero danzante,
sus risas y pasos tan desafiantes

Dibujaría sus gestos inexpresivos,
luego con cuidado los haría míos
y sintiendo la mudez de su cara,
pintaría no su gesto sino lo que aman

Pintaría las locuras que sienten,
las que hacen bailar a mis dientes
Olvidaría su frío estereotipo,
en mi mente eso es sólo un mito

Pero no tengo pincel,
ni pajilla que lo sustituya
Y si lo tuviera. ¿Qué hacer?
Si yo no pinto, apenas y escribo en la lluvia

No me Entierres

No me entierres, que aún respiro,
con el mismo aliento
con el que besé esos tus labios,
alguna vez míos

No me entierres, el cuerpo ni la memoria,
Dios quiera los extrañes
y continuemos algún día
nuestra historia

No me entierres, que aún sueño
con miradas y risas
que llenan de sirenas y perlas
las faldas de mi cielo

No me entierres, te grité de nuevo,
mas seguías clavando
distancia y lágrimas
a este ataúd viejo

Por favor ya no sigas, ladraba mi garganta
desgarrada ya de llanto,
por ver abrirse las llagas
en un corazón ya manso

No me entierres, murmuré con la esperanza ya dormida,
mientras esos tus labios
besaban una boca
que ya no era la mía

Si tú...

Si tú me miras, el anochecer pierde lo bello

Si tú sonríes, hasta la luna se llena de celos

Si tú suspiras, el viento se satura de gloria

Si tú me tocas, invento nuevas memorias

Si tú lloras, los ángeles se entristecen

Si tú dueles, todas las rosas perecen

Si tú cantas, los pájaros lloran de envidia

Si tú bailas, la brisa tocará una melodía

Si tú besas, se me olvidan los problemas

Y si algún día me amas, ya no necesitaré más poemas.

Estatus del Tiempo

Llueve... gotas apasionadas del cielo caen. Jugando con la brisa, traviesas y jugosas vienen y van. La noche se desviste a la luz de un par de relámpagos y al son de sus estruendos. Seduciendo a los amantes más y a los pobres diablos menos.

Mientras yo, ando cortando lirios, los corto con los versos suyos y míos. La noche prudente, calla mi pecado, convirtiéndose en el cómplice de mi cuerpo empapado.

Ni los truenos ni la lluvia callan a esos grillos, los que me escuchan de día y de noche comparten los sueños míos.

Un suspiro... de pronto este diablo ya no está tan dolido.

Cuando Nace una Memoria

Muere el destino y se pierde la Fe,
al sentir el pasado apropiándose de lo que es.

Muere el presente en el dulce ocaso,
de dos bocas desgarrándose en abrazos.

Muere el tiempo en lo tierno,
al ver al amor convertirse en verbo.

Muere la realidad en cuestión de segundos,
al sentir la pasión de los sueños más profundos.

Muere la luz que los mira,
muere al ver lo que ellos al abrazarse brillan.

Muere todo lo de alrededor,
al convertir el mundo entero en sólo dos.

Muere el dolor que alguna vez se cargó,
al ser degollado por la espada del amor.

Muere la desconfianza traidora,
al reflejarse en sus miradas la aurora.

Muere toda pista de ese miedo interno,
al sentir el calor de un beso tierno.

Muere el azul del cielo,
al ver como de la nada y sin cometas crean destellos.

Muere todo en su gloria,
cuando por alguien nace una memoria.

CUENTOS

De lágrimas... mujer

De lágrimas, mujer se formó y por celos, un hombre nació. Así comienza nuestra historia, así fue nuestra evolución. Se dice entre bocas que Darwin murmuró, que de simios venimos, por lo tanto mono soy. Mas un pequeño detalle, una simple observación. ¿Acaso era aquel ciego o sus gustos de lo peor? ¿Cómo osa decir que esas musas, descendientes del gorila son? No mi estimado amigo, no mi querido señor, le voy a contar a usted la verdadera historia de la evolución...

Sobre la colina más alta o en otra más allá lloraba la luna linda un trágico pesar. Un llanto en la tierra a coro con el mar, era lo único que los planetas podían escuchar. Pues cuando el tiempo todavía no existía y la vida era apenas una insólita fantasía. Esta luna bella ahogaba su tez en agonía.

Triste se encontraba, triste por no poder hallar, en el azul inmenso su adorado sol de paz. Un roce ella quería, tan sólo abrazarlo con tanto amor, que se quemarían sus faces por exceso de pasión. Lobos, coyotes y búhos consolaban su sentir y mimaban el encanto de su sueño de querubín.

"Hermana luna, hermana pasión. ¿Por qué lloras tu hermosura, por qué se desgarra tu corazón?" – preguntó un curioso lobo que ya años la vio sufrir.

"Una caricia apasionada, un recuerdo de amor, es todo lo que yo pido, pues es lo único que soy." – responde la luna mientras llovía en su corazón.

"Un favor sólo te pido, luna hermosa, fuente de amor, ya no llores sobre esta colina, pues tres cuartas partes del mundo ya se inundó. Has formado ríos y lagos que nacen de tu amor y has formado un dulce mar helado que crece con tu dolor." – afirma el lobo manso que ante la luna se arrodilló.

Tan preocupados estaban estos seres al ver así a su perla, su ternura, a esa agonizante luna, que pidieron al Creador su deseo convertir en su más próxima creación. Tras su plegaria se unió el color de la noche y hasta las estrellas radiantes rogaron por el roce. Un deseo, un imposible sueño, eso pedían, con Fe de que lo obtendrían.

En un día de fantasía, cuando el sol en un suspiro se perdía. Un milagro ordenó Dios, un inigualable arrebato de pasión. Una lluvia de estrellas acarició al sol y pronto en un profundo sueño el astro cayó. Así cometas y centellas con la ayuda de las estrellas durmieron al poderoso sol, gran amo y señor del amor. Ya sumergido en su casto sueño, mil y un estrellas empezaron el destello. Empujaron a la luna con suspiros y canciones hasta que un beso unió las pasiones.

Beso más puro y delicado, jamás el mundo observó, pues al ver el deseo realizado hasta el mismo cielo se enrojeció. La noche cambió mil y un veces de color, al sentir de la luna una inigualable emoción. Y así como lo contado el primer beso y eclipse ocurrió. Mas a pesar de la dulzura y de la enorme pasión y ternura, ese beso se perdió en tan sólo un momento sobre la llanura.

De regreso a la colina una sola lágrima derramó. Era una lágrima arrogante una lágrima de amor, que como gota de lava lastimaría hasta la faz del sol. Ésta, cráteres y huellas tejidas en la luna dejó y al bajar por la colina a un río se unió.

El río desembocaba en el umbral de un campo de flores y jazmines y alimentó las raíces con la pasión de corales y delfines. Esta dulce flor de lis, este delicado y fino jazmín, no tardó en florecer en lo más hermoso nunca antes visto… la mujer.

Delicada, arrogante y bella, tierna y pura como estrella, fundida del sentimiento de aquella agonizante luna viajera. Así nació la mujer, radiante y plena al florecer y con un mar de pasión prisionero en la pecera de su ser.

Siglos de gracias y universos de placer, demostraban estas criaturas nuevas a la luna, mientras las veía crecer. Halagos y festines le ofrecían sin medir, el sentimiento que ella misma les hizo sentir.

Un celoso oyente fue testigo de todos esos suspiros que por la luna se regalaron y no tardó en querer lo que tan minuciosamente había observado. Este fiel y noble, este poderoso roble, arrojó unas cuantas semillas a la cuenca del río, esperando que algún día, su inversión diera fruto ante el estío.

El fruto se dio gracias a esa lágrima de amor, mas no fue lo esperado, pues ahora un hombre había creado. Grande, celoso y noble, atrevido y fuerte como el roble, así se creó el hombre y aún mantiene la fama de su nombre. Estas criaturas similares, pero con diferente razón, no sólo perdieron la cabeza sino también el corazón, por aquellas hermosas musas que se desbordaban de pasión.

Grandes y alocados fueron los intentos de conquista. ¡Hasta empezaron a cortar margaritas! Dios al ver semejante actuación, quedo perplejo por esa nueva creación. Los vio cortar lirios, los vio robar perlas y todo esto por complacerlas. Supo el Señor lo debido y decretó de la tierra a los astros su retiro. Ordenó al sol, cielo, luna y estrellas que del mundo se despidieran pues a una tremenda distancia tendría que esconderlas.

Así de sencillo se retiraron los astros y en la tierra solo quedaron murmullos entre los pastos. Desde entonces y hasta la fecha, lobos, coyotes y búhos a la luna piden una explicación, pues cómo es que se fue sin decir adiós. Aúllan, lloran y gimen ante la blanca dama, donde de noche la miran sintiendo su dolor como daga. Así empezó la evolución, así se nos privó de los astros. Y aunque no es bella la conclusión, la orden vino desde los altos.

"Apártense de la tierra, luna linda, noche de estrellas, pues estos hombres tan ignorantes las pueden raptar. Aléjense en la noche y piérdanse en la inmensidad, pues estos serían capaces de regalarlas a las mujeres, aún y sabiendo que ellas merecen más" – Fue la orden que Dios impuso a nuestra presente noche de paz.

El Lirio

Ahí andaba la luna, suspirando versos y jugueteando con la bruma. Ahí andaba risueña, coqueteando con la mar mientras se hundida en un abrazo de estrellas. Le gustaba ser narcisa y verse sonreír desnuda sobre los lagos, al marinarse en nubes y halagos y secarse las penas en la brisa. Le gustaba espiar ya de madrugada a los poetas y verlos retorcerse entre la nostalgia, una musa y sus sueños violetas. Le gustaba esperar despierta al amanecer y bailar entre los rayos del sol hasta desaparecer. Pero más le gustaba ser besada por los cometas, por ser esporádicos y tiernos, provocadores y eternos atletas.

Andaba ahí como en algunas noches, donde se tejía de soledad al ahogarse en recuerdos de besos, luces y roces. Andaba pintando rosas, con los tonos del amanecer hasta verlas galantes y mimosas mientras las veía crecer. Cuando de pronto la rozó un destello, la abrazaron dos mil colores con el beso de un cometa bello. Y la dejó como siempre, a que se embriague en suspiros, retorcijones y escalofríos sin dueño. Pero esa noche se le escapó algo más que el alma, se le fue sin darse cuenta una lágrima entre una de sus tantas llagas. Y cayó por la noche, entre nube y derroche, para colgarse de una estrella y aferrarse tímida y confundida de ella.

Eventualmente la luna linda, perfumada en centellas, volvió a su rutina de pintar flores a la luz de sus estrellas. Distraída como sólo ella, pintaba margaritas, pintaba amapolas y retocaba sus tulipanes con los colores de la aurora. Y en uno de los descuidados trazos que con su pincel aventaba, logró tocar a esa lágrima que a la punta de la estrella se aferraba.

¡Sería por estar perdida en las memorias de sus juegos de seducción, que no notó que por esa lágrima a los lirios pintó de ningún color! Pero aquellos vanidosos, adoptaron forma y gozo del destello de aquel cometa, oleando sus pétalos como las acuarelas con las que pintan sus versos algunos poetas.

Y así, olvidados por el pincel, el óleo y el color deseado, los lirios relegados se disfrazan ahora del sentimiento y la ternura de un cometa ya pasado.

Con el tiempo fueron pintándose una sola estría amarilla, simulando la trayectoria del cometa sobre sus líneas. Y lloran por las noches por no haber sido vistos, por la tierna luna que sigue con sus besos y uno que otro vicio. Lloran por saber que tienen lo que ella cada noche espera y guardan una lágrima en sus puntas por ver si alguna vez de ellos se acuerda.

Así andan los lirios, olvidados entre las flores, porque la luna sigue distraída y las musas prefieren otras flores. Y si algún día un joven quiere flores regalar, se fija en las rosas, en los alcatraces y en alguno que otro tulipán. Y nos dejan a los bardos y los pobres diablos los lirios para suspirar. Y si al admirarlos nos tomamos dos minutos o una corta eternidad, es porque sentimos ese beso de luna y cometa que pocos han podido apreciar.

Hoy, por bardo, diablo o descuidado Don Juan, te regalo, niña linda, niña mía, todo aquello que ni la luna ha sabido apreciar. Espero niña bella, inocente alcatraz, que algún día te pierdas en el lirio que hoy me hizo suspirar. Dios quiera y la vida me permitirá, enseñarte cuanto quema el beso de un cometa fugaz…

Estrella Añorada

Hace más tiempo que vida, cuando el respiro humano aún no profanaba tan preciado paraíso. Lo negro y la noche no se conocían por ser tan distintos. Negro era quien no tuviera historia soñada y la noche era colorida con su falda de gala estrellada. Moradas y aqua, verdes y azules, amarillas y pintas en la inmensidad jugaban. Estrellas grandes, estrellas chicas, cometas y centellas rodeadas de luces.

En esa fantasía existía una estrella dulce, tan dulce como la miel del corazón. Inocente y bella, brillaba por sobre todas, celaba cometas y coqueteaba con planetas pues era la más preciada del gran astro, la luna.

Esta estrella linda pegada a la luna nació y desde una de sus puntas, montañas, mar y tierra observó.

Aquella guía de los amores, aquella luz en la oscuridad, aquella luna tan perfecta a la estrella protegía sin cesar. La mantenía la más cerca y le cumplía sus caprichos, ya que era su amor y armonía pues sin ella, sería mar de gritos. Mas la estrella era curiosa y soñaba en lo prohibido, en convertirse entre las flores lo más bello y lo mas querido. La luna amorosa no podía vivir sin ella, pues era su luz, su musa y por lo mismo la más bella.

Un día la estrella pidió su sueño fuera concedido. La luna entristecida ya presentía este momento, mas por el amor al sueño de su amada, se tragó tres lágrimas y concedió el deseo que la destruyó.

Amarga y triste se tornó la luna y su luz se convirtió en gris, pues mandó a su estrella preciada al mundo hasta su fin. Visitó a los cometas de blanco y a las estrellas de marfil y llenó la noche de llantos por el luto de su querubín.

Lo que era de colores se tornó claroscuro en honor al gran astro que hoy su alma llora al desnudo.

Era tan grande el amor del astro que a la estrella convirtió de entre las flores la más bella, una rosa, no una flor. De ahí nació la rosa, delicada y frágil, como el amor y sofisticadamente hermosa como la flor. Era la mezcla de lo mejor de tierra y cielo pues la luna quería que se llevara de ella un grato recuerdo.

Esta creación a imagen de sentimiento, esta obra de arte en vida, pronto reconsideró su sueño. No en mucho tiempo, la estrella ahora rosa arrepentida, aprendió que la vida en la tierra tiene no más que un anhelo, ser astro, ser cometa, ser centella y si se puede, ser estrella. Para volar en lo alto y tener esplendor y ser la causa de suspiros de amores del corazón. Vio como toda flor adora a la luna y besan el cielo día y noche pues desde ahí es donde las estrellas cumplen los deseos y derroches.

Esa rosa arrepentida rogó regresar junto a ella, pero la luna lastimada no pudo complacerla. Pues deseos cumple y no los deshace, si son soñados y de verdad se amasen. A pesar de sus reglas y de su infinito orgullo, la luna quiso que se le regresara lo suyo, pero cuando volteó a la tierra la rosa se había ido. Se fue al otro lado del mundo a esconderse con pena y alaridos. Ahí se ahogó en llantos hasta que dejó su soledad y decidió multiplicarse por la tierra sin cesar. Diez, quince, cien o dos mil, la luna no sabía cuantas eran, ni si el deseo pudiese destruir.

La luna cabizbaja se tragó su agonía, al ver que con tanta rosa, su estrella ya no encontraría. Desde entonces hay noches que la luna no apareces, pues en el rincón de la tierra esta llorando su soledad que crece. Se esconde para que no se vea su dolor y que sus lágrimas amargas no lastimen el corazón.

También hay días donde luce como nunca y da luz a la tierra entera, tratando de encontrar a su musa. Y brilla y brilla hasta que el mismo sol llora, para que cada rosa en el mundo no sienta que está sola.

Aún es fecha que las rosas lloran, por ese amor perdido, en un sueño que pareció castigo. Lloran por la noche al ver la inmensidad y si te despiertas muy temprano sus lágrimas podrías notar, pues hoy esa lágrima que en rocío se convirtió, lo vemos como signo de amor, entrega y algo de pasión.

Es por eso que los amantes a la luna claman y con gotas de agua regalan rosas a los pies de sus amadas. Desde entonces la luna confronta a los afligidos y las rosas tan simples nos enamorarán a todos nosotros que algún día hemos querido.

Conquistando al Mar

Cuando la mitología era apenas un bulto de profecías y en la tierra vida aún no existía. Almas vagabundas reinaban los vientos, esperando ese día en el que se les presentase a su cuerpo.

Veían los prados que sus pies tocarían y admiraban la noche con la cual se enamorarían. Pues fue entonces cuando Poseidón, dios del mar, hijo de Cronos y Rea, contra el Olimpo se quiso revelar. Conspiró contra Zeus y contra toda hermandad, tratando su poder arrebatar y desde el trono al mundo dominar. Fue tan fría la intención del dios, que el noble Zeus se decepcionó. Castigo al traidor tendría que poner. ¿Pero qué imponerle al dios aquel?

Vientos y lunas lo hicieron pensar hasta que su destino quedo en vivir como mortal. Mas todo mortal ríe y todo mortal llora y este ser frío no merece tal gloria.

"Ahogadle en sentir y prohibidle ser amado, por las ninfas y delfines del dulce mar helado" – ordenó Zeus. "Así con simple ironía mandadlo como propuse y que la salada alma haga su historia en el inmenso mar dulce."

Basto y poderoso era el mar, dulce y añorado como la miel del panal. Así fue el hogar del desterrado dios, que por desearlo todo el mar se lo tragó. Dentro de abismos y cuevas encantadas el joven Poseidón su destino hallaba. Prohibido a ver la luna y de cantarle al sol, se volvió preso de su insaciable amor.

Años vienen y años pasan y las almas cuerpos encontraban. Por obra de Zeus doncellas y hombres el mundo ahora dominaban. Y mientras Troya ardía y Zeus y Hera peleaban, el joven Poseidón se enamoraba.

Fueron diez lunas cuando a una ninfa conoció y por la musa de Anfítrite perdió su corazón. Esta hija de Océano aceptó el matrimonio, mas no sin antes conocer al dios del piélago. Fue tan grotesca la faz del tal dios que su corazón se ahogó en asco y de ese matrimonio ella sólo veía un inevitable fracaso. Inmediatamente rechazó al ser, pues sus inmensas barbas con corales le enfermaban al voltearlo a ver.

A la infinita profundidad se fue a llorar el hombre y a su sentimiento no se le pudo poner nombre. Lloró el Mediterráneo y llenó el Nilo y saló al mar con tanto quejido. Como su sentir convirtió al mar, yerto, tormentoso y salado, tal que al tragarlo se siente mal.

Vio un delfín el destino de su amo que de compasión llenaba hasta al mismo diablo. Con divas y sirenas se armó el fiel delfín y a la ninfa robaría para Poseidón hasta su fin.

Hubo boda y hubo festín mas la ninfa no amaba ni a Poseidón y mucho menos al delfín. No fue mucho para que el dios borrara sus sentimientos y como su dominio, salara sus conocimientos. Vivió así tres siglos hasta que un alma perdida admiró sus campos.

Quedó la pequeña tan enamorada del mar que a Poseidón tenía que felicitar, pues él creó tan azul hermosura y llenó su interior de fantasías y locuras.

Poseidón sólo apareció para contar su historia que se quemó en el corazón de esa alma sin misericordia. Con mirada tierna en unos ojitos tan dulces el alma hizo su tarea, el mar volver a endulzar y al frío Poseidón lograr enamorar.

Le cantaba, le ría y trataba robar su frialdad, mas el viejo cansado una sonrisa ya no podía dar. Le contó, entre otras, la historia de la luna, que al perder su estrella llenó el cielo de amargura, le contó como cuando el amor se pierde esta en tus manos obtener lo que se quiere. Habló y habló sobre astros y el amor, cuando de pronto Anfitrite se enteró.

Celos y rabia la ninfa expresó, al gran Zeus, dios y señor. Mientras Poseidón por su corazón caminó, de esquina a esquina hasta que lo encontró. Surgió de nuevo un amor, una necesidad casi obsesión. Entre cariños y cuentos de la pequeña adorada, regaló perlas envueltas en coral y el don de las sirenas de sentir sin pensar. Tanto cariño logró regalar, que el alma de pasión se iban a ahogar. Cuando sin aviso Zeus la raptó para convertir en niña el alma querida del dios. Tormentas y maremotos Poseidón desató y pintaba de yerto el corazón del otro dios.

"¿Cómo podéis ser capas, tu rey de los dioses, de esta atrocidad?" – reclamaba Poseidón. "Una niña, una flor, me has robado a la dueña de mi corazón. ¿Que acaso no veis mis tragedias amorosas y como nos hablamos con corazón en boca?

Y conminada firme Zeus contesto: "Yerto como mar y prepotente como el sol, así actuaste tú al igual que yo." Un frío silencio opacó a la tierra, mientras Poseidón se quemaba en pena.

"Podéis ser dios y ser un rey, mas por esa venganza tu trono no merecéis. No confundáis mis dominios con vuestros planetas ciegos, pronto veréis como mis delfines encuentran a la dueña de mis sueños."

Sirenas, ninfas y delfines buscaban por doquier, a esa nueva niña para poderla devolver, mas muy oculta en el tiempo y lejos del mar a esa pasión andante escondió Zeus sin pensar.

Noche y día, Poseidón ordenó, que el mar llame a su alma, su amor. "Que las olas quiebren en cuanta costa encuentren y griten mi nombre sin cesar dejando dentro de cada concha mi llamar." – eso fue lo último que Poseidón pudo mandar.

Ahora en los abismos o más allá, Poseidón sueña con esa niña encontrar. Arrulla a todo amante que las orillas de su dominio logren tocar, porque nunca sabe, puede ser ella, el alma de la mar. Y cada noche cuando la luna llena está, Poseidón con olas del cielo la intenta arrebatar y sube la marea para a la inmensidad hurtar, de estrellas, sol y luna, para envolverlas en coral. Pero si su alma tierna nunca logra encontrar, sabe que siempre estará por encima de estrellas y diosas, pues es sin dudarlo la esposa del mar.

CARTAS
Para Enamorados

Acariciando un recuerdo

Cuántas veces fue tu espalda, la guía de mis labios y tu vientre, la almohada tibia de mis mejillas y manos. Cuántas veces se ahogaron tus pestañas en lágrimas sobre mis manos y tus rodillas cedieron ante mis halagos. Cuántos besos nos supieron a sal de llanto, cuántos otros pintados de sudor humano. Más de una vez te robé el enojo con un beso, muchas y sin querer, me los robaste a mi por mis versos. En otra vida quizás, nos decíamos llorando, en otro mundo sin chistar, hubiésemos llegado juntos a ancianos. Sin amigos ni sociedad, lo que acabó, seguro hubiera continuado.

Un recuerdo y un adiós, regalo y condena, de mi más grande musa e inspiración, sólo quedan poemas. Fueron tus labios, pétalos de algodón, bordados siempre a los míos. Pasión bendita, dulce explosión, de impulsos carnales en acuarelas sobre lino. Una mirada perdida, mientras decías "Adiós amor...", una lágrima en mi sonrisa ahogando el "No por favor..."

Perdido y ciego, tal vez si lo fui, enamorado, demente, sincero y bello, eso seguro lo viví. Acarician estas letras, el espejismo de lo que no puedo decir, tantas caricias, miradas y sueños que se quedarán sin describir. Apaguen la luz, tal vez así vuelva, y abran de par en par los maderos de esas puertas. Que yo fingiré entre satín y vela, que su cuerpo me acaricia la piel y me vibra la sangre en las venas. Se secaron ya las sabanas de aquellas guerras, las palabras que cortaban cesaron y ya nadie las recuerda. Amarga y tierna tentación de enseñarle al mundo las cicatrices que aún no cierran. Pero me quedaré mudo, sólo y recordando, alimentando el presente de un sentimiento ya añejado. Sonreiré a la gente y diré: "Buenos días" aunque roce la hipocresía, en otra vida quizás, un nuevo suspiro, me llenaría de alegría.

Cuantas veces tu mirada verde esplendor, llenó de vida mi interior y al hacerlo vibrabas toda entera de amor. Cuantas veces entrelazamos risas y dolor, pretendiendo que nunca lo veríamos terminado. Más de una vez, hicimos de un abrazo, un arte en su perfección y del cosquilleo interior, una sonrisa en los labios. Una fotografía, un recuerdo y medio corazón, ahora comparten con estas letras, lo que me queda de esa fantasía en mi pasado.

Cuando las Palabras se Pierden

Si fue entre el rocío y la luz de un carmín amanecer o bajo una lluvia de estrellas, no lo recuerdo. Si sólo apareció al crecer o si nacimos con él, ya es lo de menos. Pudo haber sido entre los años, donde entre miradas y abrazos se escaparon las palabras. Quizás y porque no, por albergar almas gemelas al tener entretenidos los labios.

Se valieron de discusiones y dolor, para tejerse entre sentimientos y halagos. Se nos perdieron las palabras, amiga mía, antigua amante, luz, verso y sol, se nos perdieron todas ellas entre brisas, suspiros y un amor sin ocaso.

Ya nos hablan los ojos, ya tienen su propia voz, nos hablan las manos, los abrazos, los sueños y hasta el corazón. La canción de tus labios, no necesita entonarse más, pues emanamos eso que se dice, sin necesidad de cantar. Cuantas ya y demasiadas, son las veces que entendemos lo que no decimos. Cuantas ya y demasiadas, nos olemos la necesidad de robarnos otro beso en el camino. Lloran ríos mis brazos y lagos de ansiedad los bañan, por derretirnos juntos en un sólo abrazo, olvidando de raíz las palabras.

Y aunque me costó ya varias vidas para entender lo que no se dice, amor, miradas, caricias y todo aquello que a pulmón quise. Hoy por fin lo doy por dado, las palabras, las frases y todo aquello se ha ya olvidado. Ya ni es necesario escribir, pues entre línea y línea, tu corazón leyó lo que sabes quiero decir.

No mal interpretes, no busques lo que no esta... ¿Cuántas veces hemos repetido lo mismo sin cesar? Pues mal interpreta entonces, sueña, busca y enamórate porque es verdad, ambos más que sabemos, sentimos lo que nuestras miradas dan. Si se nos perdieron las palabras... ¿Quién las quiere, quién las busca, quién las quiere encontrar? Que se larguen que se escondan, ojala moren donde no las hemos de buscar pues tenemos mirada, corazón, alma y suficientes suspiros para día tras día volvernos a enamorar.

Cuando te pese la piel

Cuando te pese la piel. ¿Me amarás como hoy? Cuando te pese la piel. ¿Seguirás conquistando mi corazón? Cuando tu cara se inunde de estrías y arrugas y todo pelo se torne como la luna. Cuando el tiempo pase por tu puerta, no lo escondas, no te ofendas. No te estires la piel y escondas tu experiencia, no pintes negra la plata de tu cabeza. No borres así ese pasado tan lindo. No hagas que piensen que no haz vivido. No ocultes tus manos temblorosas, no ocultes lo que hoy beso como rosa. No escondas las marcas de tu vida, no escondas lo que te hizo suspirar algún día. Pues puedes llegar a olvidarlo, puedes llegar a apartarlo y perderías así muchas memorias, perderías lo que una vez te hizo estar en la gloria.

No borres nunca tu pasado, ni lo escondas con pena, maquillaje o cirujano, para que no me olvides si algún día nos separamos.

Un Quijote con alma de Don Juan

Que puedo hacer amigo, si así fui creado. Que caso tiene amigo, reclamarle a Dios mi estado. Me creó soñador y despistado, me dio un amor desorientado. Me hizo impulsivo y violeta, me hizo conquistador y casi poeta. De Cervantes creó el modelo, en don Juan enfocó su empeño. Salí Quijote, a pesar de mi lucidez. Salí don Juan, a pesar de ser fiel.

Te cuento ahora lo que mi diario esconde, trataré de describir a lo que mi alma responde. Me enamoro, sí, es cierto, me enamoro casi a diario, del amanecer y del cantar del canario, me enamoro de todo y lo conquisto, soy don Juan, por eso existo. Me gusta la conquista, me gusta el misterio, me gusta darle a mi comezón una luz, un destello. Brillo al enamorarme y sonrió por dentro, y sí, ha pasado, ha pasado y no me arrepiento.

Soy don Juan, lo digo y lo repito, pero que no se confunda, pues fui Quijote primero. Fui Quijote, soy sincero, y sigo enamorado de un sueño. Tengo a mi Dulcinea, a la que le soy fiel a lo largo de mi travesía, he combatido mil molinos hasta el exterminio, he recorrido lugares que muchos nunca han conocido, pero siempre con ella en mente, siempre con mi Dulcinea al frente. ¿Y qué hace un loco despistado cuando a una belleza se enfrenta? La enamora a miradas, la envenena con sonrisas lentas y la guarda en la cripta de su deseo.

La conquista con el pensamiento y la seduce en sus sueños y les guarda un rincón, en el albergue de su recuerdo.

La primera, sí, la primera es siempre la indicada por la cual se debe de empezar... recordemos... la primera...

¡Ah si! Fue ella... llamémosla Impaciente... fue a escasas semanas de llegar a tierras germanas, mi rutina consistía en extrañar los lunes, recordar los martes, suspirar los miércoles, escribir mis penas los jueves, cantar en un bar los viernes, pensar los sábados y prepararme para volverlo a hacer todo otra vez los domingos. Pues sí, en un viernes te digo, mientras cantaba entre gente que mejor no describo, me miró Impaciente, me miró con ojos de seductora ardiente. Yo sonreí, mi don Juan gritaba: "¡Conquístala! ¡Mátala a versos!" mientras el Quijote de mi alma suspiraba: "¡Ay mi Dulcinea preciada! ¡Siempre serás mi única amada!" ¿Qué se hace ante esto? ¿Qué te digo? No soy perfecto. Mis hormonas imploraban la conquista, mientras mi alma recordaba a la niña mía. Entonces hice lo que pedían ambas partes de mí. Conquisté a Impaciente siéndole fiel a mi Dulcinea valiente. Le regresé sus miradas, se las regresé empapadas de interés, mientras ella sonriente se acariciaba el pelo a su vez. Me enamoré, fugaz como el momento haya sido, me enamoré, no de su belleza, pues carecía algo en esa rama, sino de su sonrisa, su alma que se reflejaba en su mirada, su ternura que se desbordaba por su piel, piel de ángel, piel de porcelana, piel que cubría cada centímetro de su cuerpo imperfecto. Sí, es ella, la encontraste, la inocente, la pura, la fiel, la que te acaricia el mismo espíritu con sonrisas, la que risueña va empapando de sentimientos tu flaqueza al amar. Y mientras pensaba en esto y muchas otras cosas más, a ella, a su persona había logrado ya olvidar. Enamorado estaba, te digo, enamorado de algo que ella había provocado, más su presencia me era ya indiferente, con mi sueño, con mi imagen de ella tenía, no necesitaba ni su cuerpo, ni su alma, ni sus caricias ni sus miradas. En medio del sueño me pescó... sí en medio del abismo donde mi pensamiento me había llevado me despertó. Yo ya había volteado a ver al grupo que ahora tocaba, yo ya había tomado más cervezas de las que mi mente contaba y en eso pasó Impaciente frente a mi mirada. Se paseó cual quinceañera valiente frente a mí y me coqueteaba. Mi cara de desinterés la pudo haber matado, pero no por eso la tenía, la tenía porque sumergido en el mar de locuras, fantasías y quimeras mi pensamiento se encontraba.... extraño, pensando en ella pero ignorándola... no sé si lo entiendas. Pues sí, así fue, ella se cansó de rondar mi mirada y por fin se paró frente a mí, pero de espaldas, esperando que le dirigiera la palabra... pobre Impaciente, pobre estrella, si supiera que su don Juan ahora es Quijote y sólo sueña. Pero ella entercada no lo dejaba. Esperó por más tiempo del que yo pensaba y luego cuando vio que esto no le resultaba, me volvió la mirada, fijamente a mis ojos, con el deseo de una ninfa, luciendo la grandeza de Giza. Pero yo simplemente sonreí, no me interesaba ya su cuerpo ni su cara de querubín, la conquista ya estaba hecha, la gloria conquistada, el ángel capturado.

¿Y que hace el que pesca por deporte después de reconocer a su presa? La devuelve al mar, así yo, la devolví al mar. Era persistente esta, su orgullo no permitía ésta conclusión, se pegó más a mí hasta recargar su espalda de terciopelo en mi pecho hecho algodón. Esto duró escasos segundos, pues otro don Juan pronto se acercó... yo reí, me fue inevitable el hecho, solté una carcajada al ver como pasó. Debiste haber estado ahí, un "Lo siento vengo con alguien" y un "Disculpa no te vi" fueron las excusas para que el don Juan me invitara una cerveza disculpándose, cerveza que no resistí. Mi carcajada se volvió más viva, tanto que ni yo me lo creí. Impaciente volteó a ver a sus amigas mientras todas ellas compartían mi reír. Apenada por fin escapó Impaciente a su guarida, mandándome miradillas indiscretas cuando sin querer mi mirada acariciaba su perfil.

Fue así como lo cuento, fue así que pasó la primera, me ahogó el corazón por su ternura y su memoria ya está escrita en la historia de un viajero, semanas después la segunda vino... veamos... la segunda... llamémosla Hiedra, creo que ese nombre le queda. Fue en una estación de tren, en Berlín del este, yo esperaba al que me llevaría de regreso a casa y en la espera apareció ella. ¿Cómo te describo lo indescriptible? ¿Cómo detallo a la musa de toda fantasía? ¿Bastaría con decir que nunca había imaginado tan bella criatura? No, no basta, cuando un don Juan dice que era la más bella, siempre encuentra a otra mejor. No, Hiedra era eso... hiedra, tan curiosa y perfecta que molesta, tan dulce y hermosa que da comezón, tan inocente y exacta que duele el mirarla.

Debo tratar de describirla aunque en el intento perezca, su pelo era una revolución rojiza, no, no era pelirroja, era rubia, sin embargo su cabellera estaba invadido por una pintura barata, parte roja, parte naranja, parte café y su raíz amarilluela. Sí es extraño lo sé, pero fue eso lo que me llamó la atención. Pantalones de una mezclilla sucia y rota por los años, botas negras de militar, más cansadas de caminar que mi abuela. Un suéter que solía ser gris, amarrado en su perfecta cintura, ahora cubierto de grasa y manchas que nunca se quitarán. Una blusita rosa fosforescente y un chaquetín de mezclilla que cualquier persona en sus cinco sentidos ya hubiese tirado.

Tenía una correa... no , no un collar, una correa, de piel negra gruesa, como de perro de caricatura, sí, así, con picos y todo, picos metálicos de unas dos pulgadas, sí yo sé que son exagerados, pero así eran. Vestida como una vagabunda verdulera, pero su cara....¡AH HIEDRA! ¡Su cara era perfecta! No acusaba ni el suspiro de una imperfección. Y su manera de caminar, tan niña, tan femenina, aún en su aposento, era... era... perfecta. Hiedra, tenías que ser hiedra, tenías que enamorarme y atarme a tus caderas como un perro cualquiera.

Profundo fue el sentimiento amigo, profundo y hermoso, imaginé escenas de películas de lloradera, del vagabundo y la dama, de novelas exageradas... y en eso, en eso me dejé llevar de nuevo por mi Quijote interno, me dejé flotar en las nubes de un universo tan esplendido. ¿Me culpas? No, si hubiera hecho cualquier otra cosa sabes que mi conciencia no me lo perdonaría, que mi alma conmigo se enojaría y que a aquella que veo como mi Dulcinea, por lo menos dentro de mí, la perdería. No, amigo, no hice ninguna estupidez, simplemente miré, gocé. Cuando uno se enfrenta con tan perfecta creación, lo único que le provocaría más placer que tener es ver, no profanar su perfección con la palabra o el tacto, simplemente ver, admirar, gozar y pensar, soñar en lo que uno quiera, pero nunca, nunca interrumpir el momento donde ella brilla entre todas las demás, donde ella opaca hasta al sol mismo con su sola presencia, donde ella es, donde nadie más puede.

Y soñé, por Dios que soñé, ella preguntaba algo a la gente, no sé si les pedía dinero o comida, no sé si les preguntaba direcciones o consejos. ¡Pero si vieras su cara cuando pregunta! ¡Si tan sólo miraras sus ojos y su sonrisa pícara cuando habla! Si tan sólo vieras lo que yo vi, hubieras entendido, te hubieras enamorado también, sí, hasta tú te hubieras enamorado de ella. ¡Maldita perfección eres Hiedra! Como imaginaba ser yo el que la sacaba de su miseria, como imaginaba llegar y de la nada conocerla, y con el tiempo dejar que algo más naciera, como en una película comercial cualquiera, como en las canciones donde el principal conquista toda tiniebla. Como en tantos sueños donde ella era la imagen de mi vampira perfecta.

Esta por demás el reconocer su impresionante figura, sus ojos de mediterráneo y sus pómulos tan pronunciados, está por demás describir sus pechos, y pecar pensando estar en su lecho, pero todo eso no lo pensé en el momento, eso lo pienso ahora que es ella un recuerdo, no, en ese momento pensaba y creaba la conquista, la conquista que un don Juan por Quijote sólo imaginaba. Y pensando en como yo la rescataría de todo eso... me di cuenta de lo equivocado que estaba. Aquí yo pensándome el salvador y ella la presa, pensándome yo ser el que protegería y daría todo lo que ella no tenía, cuando en realidad fue al revés, el rescatado fui yo, después supe porque. Pues lo único que yo tenía que ofrecer era mis sueños, ella, ella me ofrecía la muerte con una sonrisa que no borra ningún entierro. Sí, iba a ser yo el rescatado, y así fue, así fue como la Hiedra maldita me rescató de mi mismo y me envenenó el espíritu con su memoria, me marcó mis anhelos con su figura y borró las imágenes que mi subconsciente tiene dibujadas de toda musa, ninfa, ángel e historia... Ella, hiedra como era, seguía siendo como una cascada en la pradera, como la niebla de Escocia, como la magia de India, como los jardines de Babilonia. Ella, era pues como Dios trató de hacer a todas y después de millones de fracasos...¡Ea la imagen de la primavera! ...

Tomo un breve minuto para cederle mi tiempo a un merecido suspiro.

Ahora continúo.... La tercera... sí, la tercera hasta el nombre supe. ¿Por qué? Por que el bar entero se enamoró de ella. No llegaba ni siquiera a poder tratar de compararse con Hiedra, pero era bella de cualquier manera. Llevaba el nombre de mi madre, el nombre de mi hermana y nunca supe lo bello de ese nombre hasta que lo relacioné con ella. Australiana, con las piernas tejidas en hilos de tentación, con sus mejillas irradiando miel... sí miel, si mis ojos tuvieran gusto, me dirían que su cara era dulce, lo sé porque era claro que con su sola presencia me empalagaba ya el alma. Esto fue la semana pasada... canté, sí canté en ese bar como nunca he cantado, no por ebrio, aunque lo estaba, sino por estar enamorado. Le dediqué un "Decir te Quiero" a capella a mi Dulcinea y le canté la Bamba a todos los que la oyeran. Fue bella la velada, un Italiano canto O´sole Mio, un Alemán cantó U2, una Inglesa cantó Son of a Preacher Man, y mientras yo… yo admiraba sus piernas, su cadera, sus brazos, su pelo, su mirada y su sonrisa, admiraba todo lo que se pudiera admirar y después de eso, sí, después de eso a soñar... a enamorarme yo sólo de la nada, a sentir profundamente ese globo que se infla en tu pecho y se mantiene a punto de reventarse, a consentir el mariposeo en mi panza y a dejar a mi imaginación volar por donde quiera. La amé, ¡Oh cuanto la amé! La amé más que a cualquiera. Sentí aún más profundo el sentimiento que con Hiedra. ¿Por qué? Por que el Quijote así lo quiere, porque todo lo que el don Juan conquista, admira o quiere, el Quijote va juntando creando el sentimiento perfecto para la siguiente quimera. Cuando vuelva a mi tierra seca, mi tierra cálida, la calentaré aun más con mi sentimiento y la ahogaré en historias de mi procedencia. Cuando la vea a mi Dulcinea, la voy a matar a besos y caricias, la voy a envolver en el celofán de mis respiros y aprisionar en la magia de tan alocadas ideas. Porque para cuando la vea, de tanto sentimiento quien quite y yo ya no sea, al ser menos don Juan y Quijote y mas poeta. Capaz de robarle con un beso el espíritu mismo sin que su alma lo vea. Pero todo eso será hasta que la vea... ¿Me preguntas que si me he enamorado?... sí amigo, yo me enamoro de cualquiera.

Cuando mi Quijote y mi Don Juan Hablan

- Es de noche Juan...
- Lo sé...
- ¿La recuerdas?
- ¿A caso alguna vez la olvidé?
- Abre un poco la ventana Juan, quiero que la niebla que entre se confunda entre las nubes por donde volé ayer.
- Nunca se te quitó lo nostálgico.
- Dejaría de ser Quijote...
- Anda pues... sueña Quijote, sueña tus quimeras en voz alta, que quiero sentir esa sonrisa que me creas en el nudo de mi garganta cada vez que recuerda tu manía la esencia de un sueño que volaba como alondra por los jardines de tu nostalgia.
- Don, mi don. ¿Y por dónde empezaría? ¿Por el suspiro atrapado en mi pecho? ¿O por las estrellas y cometas que pinté en el que alguna vez fue nuestro cielo?
- Empieza por su sonrisa, esa que me hervía la sangre en escalofríos por hacerla mía. Empieza por sus ojos, que cambiaban de luz con cada brote de ímpetu que se le escapaba. Empieza por ahí y termina en su...
- Juan, íntimo enemigo amado, calla tus intentos fallidos y déjame contarte lo que nunca te he confesado...

Mano a mano en la fría brisa de un invierno tardío, caminábamos juntos, soñando, ambos envueltos en el calor de lo desconocido. Un parque desolado entre abetos y encinos, pequeño y descuidado, pero lo amábamos tanto como al viento y al frío. Unas manos frías de las que se quejaba por cargar, prefería las mías tibias y yo me moría por podérselas regalar. "Manos frías corazón ardiente" le dije, y ella sonrió con esos labios de pulpa y algodón...

- ¿Y era de noche Quijote?
- Iluminada con estrellas y una luna que menguaba cada vez que nos veía dar al parque otra vuelta....

Hablábamos del viento, de la vida y de cuando ella era pequeña. Un querube con dos coletas, caminando por horas en ese mismo parque y su nana del cansancio, muerta. Ahora joven, radiante y bella, cambió sus coletas por una trenza, pero camina igual como su madre lo recuerda...

- Dime que la besaste Quijote, que no desperdiciaste ese momento, dime que la miraste y en la frente como tu lo haces, le diste el beso.
- No Juan, me guardé las ganas en el bolsillo derecho, pero si toqué su nariz. Lo hacía cada vez que quería abrazarla a besos...

Con el índice de abajo hacia arriba, me encantaba, aunque en esa ocasión ella tuviera gripa. Le levantaba su carita cada vez que lo hacía y con un movimiento exagerado ella la levantaba y se reía. Siempre sostuvo su cabeza un poco hacia la derecha, no hay foto que muestre su figura recta, pero así era ella Juan, nunca quiso jugar por las reglas, siempre tuvo que ser entre las rosas blancas, el único alcatraz que brotaba de la tierra. Iba de gris ese día, una chaquetita negra y su trenza que no soltaba, haya sol, lluvia o niebla. Aunque hubo unos días... como me embriaga el recordarlo... hubo días don Juan, en los que esa trenza fue una revolución de bucles y rizos que resaltaban porque la perfección es perfecta.

- ¿Hiedra Quijote?
- No Juan, deja a Hiedra morir en la memoria de un sueño, esta era... no, su cara no era perfecta, a veces lo perfecto es aburrido, su cara era celeste, su mirada inocente y tierna, y una media sonrisa que mataría tres veces a quien osara enamorarse de ella. El silencio de sus pómulos fue diseñado cuidadosamente...

Era un icono en vida, la imagen de la cual los poetas se inspiran. Dante la llamó Beatriz, Milo su Venus y yo alguna vez la llamé Dulcinea, pero ahora eso es sólo un pellizco de agua y sal en una marea. Fue la Julieta de Romeo, la Afrodita de los Griegos y la única quimera de un loco novato que la recordaba en verano, otoño, invierno y primavera.

Una noche, cuando sus bucles invadían su cabellera, la conoció un amigo y me di cuenta que no era el único que la veía tan bella. "Me dijiste que era bonita, no hermosa" me dijo antes de que empezara la cena. Su vestido negro presumía su figura y resaltaba en su frente esa vena cuando sufría pena. No habló en toda la noche, pero eso nunca me importó, yo soñaba con poder decir es mía a todo aquel que por su presencia suspiró.

- Recuerdo esa noche Quijote, como sufrí por sacarle tres letras, traté de romper el hielo con miradas y señas, pero nunca cedió, no hacía más que sonreír con pena. Te sentía retorcerte entre tus sueños de romántico perdido y mientras yo, don Juan herido y molesto, perdía la batalla por no poder siquiera describirle lo sublime de sus gestos.
- Pero tuviste tu gloria Juan, la tuviste esa noche en la que te confesó enamorada, cuéntame de ese día, descríbeme sus palabras.

Debí de haber ido por tu amigo, otro soñador perdido, también por Kena, pero ambos se me olvidaron por estar en uno de tus sueños pensando en ella. "Estoy preocupada" me dijo, y mis labios se abrieron para brindarle alivio, "Creo que estoy enamorada, pero no estoy segura" y mi vientre festejaba y reía por su fortuna. "Cuéntame, déjame ser tu diario" y ya veía la historia, tejida con el estambre de sus sueños. Era soñadora Quijote, la veía ideal para tí, veía ya a tus hijos en sus ojos, poetillas traviesos soñando sin fin. "¿Pero y si me arrepiento mañana?" "Arrancaremos entonces esas páginas que hoy escribas y quedaran fuera de tu vida, tu dime, dime lo que hoy tu corazón suspira."

Y se dio Quijote, yo por don Juan añoraba que me contara la conquista de tu amigo y hermano y aunque la trama era perfecta, el final fue muy inesperado. Cayó mi corazón al piso al oír de quien estaba enamorada y pude ver en su mirada como la luz cambiaba.

- Juan, don Juan, no me platiques la conquista, descríbeme con tus versos a la ninfa. ¿Qué no ves que muero por recordar sus manías?
- Y cuantas tenía, un tatuaje en el final de su espalda de porcelana, una huida a lo desconocido en tren, una aventura en camión, en una película es donde ella vivía.

Un zapato jugando con el otro cuando se sentaba, y su mente siempre volando entre sus ocurrencias y repudiando los límites que se le presentaban. Te regaló su almohada, esa entre azul y aqua, te la dio para que en ella soñaras...

- Y lo hice, soñé cosas que mi imaginación nunca podría crearlas, fue cuando nací como Quijote, por una almohada, perfumada en Ana.
- Abracé tantas veces esa almohada que sabía que ella lo sentía, la sigo abrazando ahora, por respeto a una memoria callada...

Las pistolas de su cadera Quijote, las pistolas que tanto odiaba. ¿Recuerdas como las amábamos a ellas y a sus pestañas? Bailaba en la lluvia, pensándose ser viento escarlata y reía risueña, al sentirse niña de nuevo, viva y soñada. El señor de los cocos en el parque, los cafés en el Antigua, los viejitos en la plaza, las rosas secas y tantos otros detalles que amaba. Nunca terminaría Quijote, si de todo hablara. Sólo sé que por ella aprendí a vivir el momento y a no estropearlo con la palabra, a perderme en la lluvia y a caminar soñando en todo y en nada. Bobby. ¿Lo recuerdas Quijote?

- ¿El muñequito vaquero que amanecía en su puerta? ¿Cómo olvidarlo?
- ¿Y el cepillo de dientes y el rompecabezas?
- Como odie que ella no lo armara...
- Pero sabias Quijote, sabías que tardaría un año en hacerlo, ella era así...

Impaciente, hiperactiva, siempre buscando la siguiente aventura. Sabías que no podías retenerla armando algo que solo querías que leyera. Tenía tanta prisa por vivir, que no desperdiciaba su tiempo haciendo otra cosa. Pero dejémosla ya Quijote, sabiendo que su recuerdo vivirá hasta que la memoria muera.

- Es de noche Juan...
- Lo sé...
- Abraza esa almohada mientras cierro ya la ventana y apago la luz...
- No… deja la ventana abierta Juan, para que el mar se empape de todos los sueños que aún nos esperan...
- Nunca se te quito lo nostálgico amigo. Buenas noches Quijote...
- Buenas noches don Juan...

Noche

Si la noche hoy cobrara vida, como en los recuerdos de mis tantas desvarías. ¿Tendré el valor de enfrentarla con la misma locura y fantasía? ¿O por primera vez le tendré miedo a sus celos y manías?

Noche, noche querida, amor de mis desvelos, amante mía, te he visto oscura y eterna, te conozco también iluminada y bella. He besado tu rocío preciado sobre la espalda de una musa, como también me haz embriagado con tus tantas gotas de lluvia que permanecen en esa tu luna ilusa. Y si supieras de las veces que durante el día te sueño, si supieras de todos esos momentos que planeo tu encuentro. ¿Tendrías compasión de mí hoy? ¿Vendrías sin pedirme ese suspiro que siempre te doy?

Ay noche. ¡Hoy no vengas por favor! Que me faltan las fuerzas de darte la cara y se me rompe el corazón. Quédate allá del otro lado del mundo, quédate con aquellos que ahora sueñan en conjunto. Da vueltas, cámbiate de oscuro, pero no vengas aquí, no vengas a mi mundo.

¡Mírame noche! ¡Soy un manojo de lágrimas y besos! No me pidas que te vea así, no puedes venir, no hoy, no así. Hazlo por todas esas veces que he dormido entre tus brazos, hazlo si quieres por todas esas veces que en vela te obsequio versos desde tu primer beso hasta tu último abrazo. Hazlo por todas esas veces que mis dudas te comparto, hazlo por lo que quieras noche mía, tan sólo hazlo.

Por que hoy no podría, dama bella, negro zafiro, hacerte bailar con mis sueños y adornarlos con suspiros, hoy no podría darte ese beso tan mío, lleno de ilusiones y esperanzas con las que a mis sentimientos pinto. Hoy no podría, y temo que nunca más podré, por esa simple manía que siento tan dentro y ahora saqué...

¿Si te regalo un viaje a otro universo, lo tomarías? ¿Dejarías a tu tierra amada por dejar en mí esta sonrisa? Noche, tu sabes de los cometas que a veces te bordo, y de las estrellas que te invento con cada excusa de amor loco, sabes de mis encuentros desenfrenados con tu hija la luna y sabes de los mundos por donde navego cuando sueño bajo tu espuma. ¿Extrañarás todo esto si dejo de obsequiártelo? ¿Entenderás como entiende una madre cuando su hijo se enamora de otra mujer y deja de ser ella su preciado cáliz adorado?

Noche, hace poco se me perdió tu suspiro y contrario a otras veces, esta vez no lo quiero encontrar. Se me perdió y sé exactamente donde está, pero lo prefiero perdido no sé si lo puedas aceptar. Se me escapó el aliento y mis metas con él, se fugó mi atención por cada poro de mi piel. Se abrazaron y besaron mis locuras y fantasías y se fueron con ese suspiro, llevándose en las maletas, sueños, inspiración y manía.

Ay noche, aun estas lejos de llegar, pero vendrás con tus tropas de serafines para al día derrocar. Bailaras en la tumba del sol sangrante y tu victoriosa luna brillará, y cantaran tus serafines a coro con las olas del mar, te alabarán enamorados y ebrios y sus suspiros te robarás, me pregunto si sentirás que el mío ya no lleva tu nombre y si lo haces... ¿Lo extrañarás?

Noche si te platicara, como a diario lo hacía, esta vez no habría canto, ni bailes ni sonreirías. Dejémosla anónima, noche, dejémosla inocente de esta culpa y olvidemos para siempre que es ella la que ahora hace bailar el alma mía. Si lo hizo antes noche, no me preguntes, que si se mide ante tu hermosura que no te importe, no me platiques de tus tantas estrellas ni de tus luces al norte, no me presumas tus plumas de negra seda ni me enseñes todo aquello que escondes, pues ambos sabemos que serían celos los que te carcomen y te prefiero prudente y bella, como todas esas veces que en perlas y diamantes he tallado tu nombre.

No noche, ella no inspira a millones, ella no perspira cometas, ni se esparce de horizonte a horizonte, pero aun así me roba mi mirada, me llena completo por dentro y vuelve mis locuras en alegrías anheladas. Hace que me vibre la sangre noche, más de lo que puede tu luna y no necesita ni estrellas, ni cometas, ni tu dulce canción de cuna.

Te pido que no vuelvas noche, no por querer que desaparezcas de esta tierra, sino por que no serías competencia si te quieres comparar ante ella. Evítame la pena noche, evítame el dolor, de decirte a la cara que ya no es tuyo mi corazón. Que si tratas y te empeñas en robar de nuevo mi razón, tendrías que buscar eternamente por mi alma hasta darte cuenta que ya no la tengo yo.

Rubí de plata, amapola de veintitrés mil sabores, llena tus colores de amanecer y ocaso de la inspiración de otros trovadores, que la mía ya no es lo que era, la mía ya no es escarlata y brea, la mía se ha convertido en una simple y mera tela, que ahora viste el cuerpo de mi quimera. Y si es quimera, noche, no lo refutes, no lo cuestiones ni la vistas de tus razones, por que me dolerá en el alma mandarte a la mierda por querer robarme lo único que me hace sentir vivo y joven.

Ya entró por la ventana tu amado enemigo el sol, pronto desangrará en las montañas diez mil trenzas de color y tú llegarás desafiante exigiendo tus suspiros y atención. Noche amada, no me pidas los míos, por lo menos no hoy, a menos que quieras que rompa tu tan orgulloso corazón.

Ser

Ayer prendí un suspiro en la lluvia. Mientras yacías en los brazos de Morfeo y el mismo sol se revolcaba en su tumba.

Ayer mi sagrada lluvia sabía a sal, al mezclarse con lágrimas de un sentimiento voraz. Una mirada arrogante de la blanca dama acusó su reproche: "¿Qué somos?"

- "Presas del destino"

Pero me equivoqué. ¿Corazones poseídos? Tal vez.

Sueña, bella, sueña... arrúllate entre estrellas y sé feliz. Haz a un lado la razón y siente, así, pura, así, inocente, así, con locura, así y sólo así, tan plena como un querubín.

Bórrame esa mirada, bórrame esa duda que no te permite ahogarte en mi sentir. No me preguntes si te quiero, pues sé que de mi respuesta te enamorarás, no te aferres a la labia de un Don Juan. No te enamores de las frases de un soñador, pues volarás tan alto que en una nube te ahorcarás.

Siente sin ver, sin hablar, sin oír, siente con tu alma, deja tu corazón a un lado y pregúntame de nuevo: "¿Qué somos?"

- "Somos plenos"

Moja lluvia tenue a la musa de mi soñar. Empapa su espacio con brea y su vientre con paz. Destiñe ese azul suyo y píntale con mi mirar. Deja que te oiga caer, deja que goce tu placer, deja que se enamore de la pasión con la que abrazas al caer. Y cuando sientas que es tuya y que se le derrite por ti la piel. ¡Truena! ¡Tiembla! Consúmete en miedo, escapa a otro universo, porque a este Quijote no lo vence ni la lluvia ni el viento. ¡Ni tú, ni la luna!

Lleva mi mensaje y moja su piel, emborracha su alma y su suspirar también. Pero recuerda, lluvia burda y tenlo presente sin la menor duda, con un roce de mis labios nace tu olvido, así es que si puedes, hazla sentir, hazla soñar, hazla amar, pero recuerda que es conmigo con quien sus sentimientos quieren estar.

Por tus Jardines

Algún día robaré el rocío de los lirios y el perfume de los jazmines, para adornar las alas de diez mil mariposas que vuelan por tus jardines, tal vez entonces lograré que respires, el verso del viento, cada mañana por tus jardines. Verás como me convierto en rosa, para que a diario me admires, para que sea yo la flor de tus jardines.

Seré el sol que te abrace, que te tome y que te bañe sin permitir que te lastimes, así sonreirás de nuevo por tus jardines. Sembraré lunas de pasión en el viñedo de tu alma, cuando paseen por tus jardines las flores del alba. Cantarán los golondrinos mi rezo y te llenarán como desfile, por ser tú mi más preciada rosa, en el suspiro de mis jardines.

¿Te acuerdas de mí?

¿Te acuerdas de mí? Soy aquel ángel que no titubeo por tocar tu alma. Soy aquel mendigo de tu amor y de tu calma. Ayer te pensé y dibujé en el cielo una estrella, te acaricié la cara con mi viento y llené su esencia de brea. Pero no te vi, ni te olvidaré.

Aún te escribo antes de dormir, para que tú sueñes las locuras que me abrazan. Para que sientas cuanto tu mirada se me escapa. La melancolía aún ronda mi ventana y su prosa atormenta como espada, pero no cederé, no moriré. Diseño hoy mi próxima caricia, que te envenene el alma con el sereno de mi brisa.

¿Recuerdas cuando te vi? Mirabas el cielo buscando mis alas. Acariciabas al viento con suspiros del alma, fue cuando te vi, fue cuando te conocí. Ibas de gris, llevabas el luto de una vida cotidiana, tenías una lágrima entre tu voz y tu mirada, aun así me tocaste, aun así me aceptaste.

Largo el tiempo que te perdí, que huiste de la flor de mi madrugada. Te escondiste entre un adiós y la memoria de la nada. Hoy como ayer, espero que tu opinión cambie. Espero que tus ojos me amen, que vivas en mí y respiremos de nuevo el mismo aire.

Hasta Entonces

Si algún día logro alabar tu suspiro y llenar la noche de versos tuyos y míos, entonces podré ser digno de tu mirada, entonces saciará esta llaga. Cuando pueda robarte una sonrisa y hacer que brille en tu interior esa lucecita, sabré como dibujarte en la luna, sabré como acariciar tu ternura. El día que pueda hablarte con abrazos y derretirte con mis labios, seré entonces dichoso, estaré entonces orgulloso. Y no antes de poder abrazar tus labios con la pasión de más de diez mil gitanos, podré entonces ser cometa, podrás entonces llamarme poeta.

Las Horas del Reloj

¡Como giran, como andan! Esas manecillas hasta el alba. ¡Mira su paso, mira su camino! Como quien corre de su destino. Día mío, día latino, trato de entender lo que alimenta tus latidos. ¿Son las horas? Esas damas amargas y lentas que queman el pecho de la esperanza. ¿Son los minutos de los que se alimentan? Aquellos que las horas comen de sesenta en sesenta. No, es más que eso, son los segundos...

¡Sí! Los segundos digo, aquellos que pasan por desapercibidos, aquellos que se fugan entre respiro y suspiro, aquellos pasos firmes del tiempo, esos que marcan el ritmo en el cual envejezco. Segundos fríos y ciegos, sordos a toda súplica y constantes en su entierro. Son segundos lo que componen tu belleza, día vil, aunque no te parezca. Son segundos los que te dan la vida, los que te llenan de espíritu y los que después te fusilan.

Segundos dibujan tu cara cuando en ella el sol empieza a brillar, mismos que después cavan tu tumba mientras la luna termina de suspirar. Segundos pues, segundos nada más. Entonces son a ellos a los que debo culpar. Perdona día inocente si entre segundo y segundo te he cortado a la mitad, perdona día, perdona mi torpeza, pues sigo siendo humano aunque no quiera.

Son los segundos entonces, son ustedes los que se esconden, son segundos la causa de mis mareos, son segundos la duración de mis anhelos. Segundos duran las penas, que palpitan en mi sangre, que se escurre entre mis venas. Segundos dura mi sonrisa, segundos dura una caricia, segundos son los que marcan la vida.

La esperanza no muere por los días que la torturan, sino porque un segundo dio el golpe certero. El amor no termina por la distancia de corazones, sino porque un segundo mató el anhelo. ¡Son segundos, ahora entiendo! Son segundos los que queman mi impaciencia, son segundos los que atormentan mi conciencia. Pregúntale al segundo, pregúntale al sabio del que descendieron. Por algo lo escogieron a ser pilar y base de eso eterno. El tiempo no existe, el tiempo no pasa, nosotros existimos, nosotros pasamos, pero el segundo se mantiene, tic tac, tic tac, el segundo sobrevive, no le importa la filosofía, no le importa de lo que lo inmute la ciencia o la vida, el sigue, camina, pasa, vive, respira y nunca para.

Un segundo pues es lo que necesito, para tener la mejor idea de mi vida, un segundo necesito para hundir a mi alma en todo lo que necesita, pero no lo encuentro, no lo veo. Segundo traidor. ¿Cuándo haz de llegar? Segundo fugaz. ¿Me vas a avisar? No quiero estar dormido cuando llegues, no quiero estar distraído para que no me esperes. Pero tú no esperas, has esperado suficiente en fila como para esperar más. Tu éxtasis es vivir, gritar, ser, explotar y decirle al mundo que ya no vas a volver a pasar. TIC, ya, ya fue, ya pasó, ya cesó y nunca más pasará. Habrá muchos como tú... no, ninguno, ninguno como tú, ninguno me vio como tú, ninguno me dio lo que tú.

Habrá otros, muchos, suficientes para hacerme llorar, sonreír, gritar, correr y jugar. Suficientes para hacerme pensar, son ellos segundos... segundos... nada más.

Espera amor...

Espera amor, no te vayas todavía, que se te olvidan tus caricias que aún no están frías. Sí amor, ahí en la cocina, donde me juraste que me amabas, ahí dejaste tus sonrisas. Espera amor, déjame ayudarte a empacar esos sueños, los que bordábamos de atardeceres, ocasos y empeños. Llévate los recuerdos, no se te olviden, hay varios en la cama y creo que otros más entre los cojines. Espera amor, no abras todavía la puerta, que dejas tu perfume en mis dedos y varias lágrimas en la mesa.

Toma, agarra y mete tus ganas de besarme y golpearme al mismo tiempo en el carro. Amontónalas ahí a lado de los suspiros, besos y halagos. Espera amor, no te vayas todavía, que dejas lujuria y pasión en tu nombre cuando sale de esta voz mía. Cuidado amor, que por poco pisas las huellas de sudor que dejamos aquella noche en esta alfombra. Llévatelas también, no las dejes, mientras voy bajando los versos que emanabas al abrazarme a veces. ¿Quieres también esas pláticas que tuvimos? Por que voy a sacar las memorias que las cubren, las que ardían cuando nos quisimos.

Espera amor, no te vayas todavía, que dejas mil locuras en mis manos, aunque estén ya vacías. Allí amor, justo debajo de tus quisquillosos celos, ahí están las peleas que terminábamos a besos. Llévatelas amor, no vaya ser que te hagan falta, que aún te caben junto con las risas que impregnaste en las paredes de esta casa. ¿Y las veces que te despertaba a besos? Espera amor, no te vayas todavía, que te estas llevando algo mío por salir huyendo de lo que tenías.

Espera amor... pero ya no esperaste, te guardo entonces tu historia para cuando regreses por todo esto que no te llevaste.

En Tu Nombre

Bella, luna bella, menguada y tierna, olorosa y plena, atrapada detrás de mi ventana, enjaulada en la inmensidad de tu brío universo que se me cuela entre vena y vena. De tener voz, me pregunto si serían versos los que adornarían tu noche o si la colmases en lamentos. ¿Gritarías Su Nombre en gratitud o desprecio?

Amiga, amante, ausente zafiro entre mis sábanas, sería más fácil recitarle mi lista de "quisiera" a tu arrogante luz templada, que formar un rezo en Su Nombre, así lo esculpiera en porcelana.

Pediría tal vez una gota de orgullo, aquella que me forme la dignidad que a veces pierdo por amor a la felicidad de unos ojos oscuros. Una gota de orgullo escarlata podría permitir la fuga a esas palabras que mi silencio hoy mata. Terminaría una discusión sin disculpas ni lamentos, ni rencores o resentimientos. Cedería más la musa en palabras y hechos y no me carcomería el rencor de ver lágrimas caer en su preciado pecho.

Una pizca de malicia, sí, esa ayudaría, a marinar mi voz con firmeza y encadenar sus sueños y fantasías. Controlaría la relación en vez de dejarla crecer, teniéndola para siempre en vez de verla desaparecer. La pizca cerraría las puertas que ella quiere abiertas, y gozaría diario de su atención atándola a mis exigencias.

Daría a cambio mi comprensión y paciencia, tanto litro de ellas encuentres en mis ojos cuando la culpa sea de ella. Así no tendría que pedir perdón tan sólo para poder besar de nuevo su esencia. Tacharía de volátil e imperfecta su apariencia, si algún día por algo hubiese diferencia. Sería la ninfa la que lucharía por abrazar mis piernas, rogando una disculpa que batallaría en concederla.

Sería lo que tanta musa quiere que sea, el prototipo de un hombre de esta época. Aquel que poco interés refleja y goza arrogante del amor de sus presas. Sería ese hombre... pero me faltarían celos. ¿Me los darías si los pido en tu nombre? Celos, sí, para poder emprender en mares irritantes de obstinación en balsa de inseguridad y remos de discusión. Para perder la razón y ser tan intolerante y torpe como quiere su corazón. Pero de estos, luna linda, no me des muchos, yo sé que ese martirio lo aprecian mucho, pero me molesta parecer tan estúpido.

Bella, luna mía, dame los que quieras, enrédame en inseguridad y haz que sospeche de cualquiera, pero quítame razón y mi seguridad, para no sentir que soy lo que tanto pena me da.

Conviérteme amiga, en otro más de tantos que parecen ser felices, ciega mis sueños y enmudéceme si se tejen versos por pensar en esos besos que derriten.

Te lo pido luna linda, todo en tu nombre, porque de hacerlo en el Suyo, puede ser que me lo conceda. ¿Y qué haría yo entonces?

Amiga Mía

Dime, amiga mía. ¿Cómo fue? Que robó tu corazón y tu alma también. ¿Cómo llenó ese universo interior, que ocultas tan bien, sin saber? ¿Cuándo rompió esa barrera de amistad para convertirla en amor y te ahogó en sentimientos que sólo tu sabes sentir y juró, sin mentir, su amor hasta el fin?

Pierdes tu niñez al jurar, tus votos ante el altar y celos me dan, de verte amar sin medir y orgullo me llena de tener una amiga, sin condiciones, tan plena. Me hundo en gusto por verte así, blanca y pura, una novia, un serafín, un ángel divino que conquistó el sentir, del ahora tu esposo tu vivir. Horas plenas de gracias y amor, te desea un amigo, un fiel servidor.

Si algún día lloras lágrimas de sutil pasión y empapas tú rostro de caricias de amor, que sea por él, tu eterno amor, júrale años de intensa admiración y siglos de un incasable amor. Pues si logró conquistar tan puro corazón, no merece el cielo, luna y sol, sino también tu corazón.

Podría escribir y escribir y decir tantas cosas que tú sabes sentir, mas si alguien sabe lo que quiero decir, es tu alma, alma de querubín. Recordarte que es mi dicha y eterno placer, verte feliz amando con Fe, sería tan innecesario como pedir, que me guardes una memoria, un pequeño rincón, a tu siempre presente, amigo, admirador.

Memorias y sentimientos de atrás, de rechazo y tristezas que me ayudaste a borrar son ahora recuerdos de una amistad, santa y pura, como lo es ese altar. Veo claro mis lágrimas de papel, donde tú escribías mi consuelo y mi Fe y las perfumabas con suspiros de preocupación. Hoy, mañana y después, recordaremos todos tu gracia y tez, que tantas veces maltrataste al vernos crecer.

Si pudiera te daría sol, luna y estrellas en este día, pero no mereces tan vago regalo, mereces algo que no existe, a decir verdad, y por hoy tendrás que conformarte con este halago y mi eterna amistad.

Matrimonio

Ayer soñé que soñaba despierto, hoy sólo escribo lo que de esa noche quedo. Una memoria en el gris de un recuerdo, un suento nuevo en el pardo de un pliego. Traigo un verso atorado entre la garganta y mis dedos que anhelan pertenecer a la nueva comprometida, pero el gozo de una felicidad inesperada me detiene el pulso y no lo deja salir.

Cargo con un abrazo sin corresponder, que espera cruzar el mundo para sonreír con esa niña y compartir sus últimas lágrimas antes de ser mujer. Si puedes sonríele, por mí, escucha su ya tan repetida historia del suceso, por mí, regálale un suspiro, por mí y dile que me ahogo en gusto, y soy feliz.

Espero me perdone por no poder escribir, espero me perdone por el verso que le escondí. Espero comprenda que la inspiración es traidora ante la necesidad y ciega ante el querer.

Tú que estás cerca, llora en secreto esa lágrima de emoción y con ella escríbele un pensamiento con mi nombre firmante a los dos. Que describa el esperado momento y la gracia de su llegada. Escríbeles sobre la luz que ambos irradian al mirarse y la sonrisa que nos contagian al darnos cuenta que se aman. Escribe tres párrafos o tres hojas, no importa, siempre y cuando quede claro el sentimiento que hoy tengo en boca.

Cuando termines de escribirlo, no lo pases a limpio, no lo corrijas, deja los tachones y los borrones donde están, para que vean que errores se cometen y cuando ellos en su matrimonio los tengan, se sepan perdonar. Eso si, escribe grande y claro, que se note lo que quieras decir, para que vean lo sencillo y agradable que es el comunicarse así.

No les des consejos, ni trates de decirles que hacer, sólo dales tu bendición y apoyo para cualquier cosa que se les llegue a ofrecer. Pon todo esto en mi nombre y firma el tuyo si quieres también, dáselo cuando aún esta fresco para que el cariño alcancen a oler. Dáselo en un papel nuevo, para que combine el comienzo de su compartido amanecer.

Te agradezco el favor desde acá, te agradezco lo que les vas a dar. Pero si la inspiración a ti también te llega a traicionar, dales este sentimiento con un abrazo que la distancia me impide dar.

Mis Musas

¡Ay mis musas! ¡Cómo gozaban atormentarme! Me robaban mil suspiros con promesas de un beso más tarde. ¡Y yo que me perdía en la ilusión y el cosquilleo, que me brotaba en el pecho cuando pintaba cometas y destellos!

¡Que coquetas se veían, antes de tenerlas, cuando las tuve y aún cuando las perdía! Y que celos me daban, al enamorarme de una y ver como otra se me escapaba. Cuanta ilusión y cuanta tortura, al intercambiar mi corazón por ver como mi vida cambiaba. Y de soñador me hacían poeta, mientras unas me preferían sin alas y otras me vestían con sotana. Y me enseñaban a ser maestro y loco, valiente y temeroso, dándome besos, caricias y uno que otro corazón roto.

¡Ay mis musas! ¡Si tan sólo me lo advirtieran! ¡Qué tanta caricia y conquista eran tan sólo para que yo mismo me conociera! ¡Y entre promesas de eternos abrazos me hacían pintar estrellas entre mi poesía, para que después al dejarme tuviera que desconfiar en la suerte mía!

Y durante esas noches de melancolía, le pintaba sonrisas y teñía de ternura a esa luna mía, con sueños de conocer a esa que sería condenada a completar mi vida. Y les explicaba como nacieron las rosas y les pintaba una luna de lila, añil y rosa. ¡Mientras aprendía cuando mi don Juan despertaba y cuando mi Quijote de tanto sueño ya sólo dormitaba!

¡Ay mis musas! ¡Cuántas estrellas pinté! ¡Entre amaneceres amoratados y varios insomnios bajo un quinqué! Me ayudaban a tejer una vida que a veces dudaba poder tener. Me enseñaron mis garras y mis miedos al crecer y limpiaban con esos sus sueños las heridas de algún ayer.

Y pensar que algún día osé en preguntarme: ¿Por qué tuve que vivir con ellas lo que deseaba para otra más tarde? Pero hasta de eso aprende uno, y ese cielo que me tomó tanto detallar ahora lo disfruto con mi quimera y musa que tanto tarde en encontrar.

Y todos aquellos suspiros y sueños que creí me habían robado, los encontré en los bolsillos de mis memorias, cobijados con risas y moralejas y muy bien guardados. Y ahora los entrego uno a uno, despacio y apasionado, mimando aquella futura anciana con quien tomaré rompope y té, cuando se nos escapen los dientes, los minutos y los años.

¡Ay mis musas! ¡Cuánto les debo y que extraño! Que fue por ellas que pude ser aquel que merecía ese corazón ahora conquistado. Que aquellas lágrimas y besos tan sólo forjaron, a un Quijote, a un don

Juan, a un despistado soñador vagabundo que pronto la encontraría para caer rendido en sus brazos.

¡Y que peligro no haber soñado! ¡Qué horror si alguna de esas musas se me hubiese escapado! ¡Pues no sería quien soy, no estaría aquí hoy y muy posiblemente a ella nunca la hubiese encontrado!

Despedida

¡Ay mis musas! ¡Cómo gozan atormentarme! Bañándome en promesas de algún día besarme. ¡Ay mis musas! ¡Cómo las deseo! Con una pizca de azúcar y medio limón de recuerdo.

Como me avivan el alma en sueños guajiros, mientras como, mientras duermo, mientras deliro y camino. Que Dios y ellas me perdonen si algún día con mi amor les marchité, algún pétalo, algún suspiro, algún sueño que les diseñé.

Ya para hoy yo me supe perdonar, por esas promesas rotas y tantos besos y sueños que nunca se llegaron a dar. No se ellas si en su belleza cabrá un poco de compasión, por un don Juan, un Quijote que un día se enamoró.

¡Ay mis musas hoy denme por retirado! Mas nunca muerto, nunca herido, sino simplemente a una dedicado. Gracias ninfas tiernas por la primaveras que bailaron en mi memoria, las dejo ahora para empezar el primer capitulo de otra historia.

Y a ti luna bella, perla bendita, sagrado zafiro que asesinó a mi don Juan. No me queda más que adorarte y cubrirte en versos de lino y besos de celofán. Pues las noches aquellas donde mi corazón sangraba por llagas frescas de alguna desilusión, ya no vendrán, ya no las necesito, pues me ha encontrado la que Dios me diseñó.

Solo te pido me bajes de estas tus nubes, luna linda, antigua amante y eterna ilusión, que tan solo sirven para suspiros y no para besarla, adorarla y llenarla de versos y rayitos de sol.

Miedo a la Pluma

Será el sereno, pero como te decía, no hay foto que le haga justicia, ni verso que merezca describirla. Ni será tampoco aquel novato soñador el que sentencie con pluma y tinta esos besos, esos muslos, aquellas manos, ni esa su sonrisa que por recordarla muero.

Fueron varias lágrimas y más suspiros, idolatrando a versos y amores que no fueron. Y fue, así lo dictan mis recuerdos, por estar solo con un sentimiento que no es de uno, sino ajeno. Y por cargarlo a cuestas sin poder entregarlo, ya sea por mi miedo o por su rechazo, le escupía versos a la luna, ensuciaba a la lluvia de prosa y llenaba libros de fantasías que los vientos añejaron. Lo cierto es que por bañarlas en poemas nunca estuve con ellas o más preciso todavía, por no dejarme estar con ellas las bañaba en poemas. Poemas que siguen impresos, poemas que aun tienen versos. Poemas que perduran amores, desilusiones y tiempo. Y de esas musas, de esos suspiros, de esas quimeras de seda, versos y poemas son lo único que me queda.

¿Y de que le sirve a un don Juan un verso en algún libro olvidado, si no lo puede tocar, si no lo puede besar? Le sirve tal vez a un Quijote desganado, que por viejo lo único que le queda es soñar que algún día soñó.

Yo creo que es por eso que le tengo miedo esa pluma que sangra versos eternos. Que escriban mejor los muros esos versos que se nos escapaban al vernos. Que sea la cama o el portón los que desdibujen el poema de los dos. Yo me dedico mejor a amarla y a respirar aire de dos. Prefiero tocarla a tener las manos ocupadas con un tintero, una pluma o algo que no sea su corazón.

¡Y dime tú! ¿Qué poeta cambiaría cinco minutos de caricias por un par de líneas que buscan rima? ¿Qué soñador se quedaría dormido al ver su sueño caminando frente a él, rojo, verde, violeta y lila?

Ya me disculpará mi bella, si en su vida le faltaron unas cuantas rosas y un par de poemas porque este iluso prefirió besarle la espalda y acariciarle las piernas.

Detalles

Son detallitos lo que nos unen a los dos. Hay quienes dicen que debería ser ese sueño que tantos presumen, ese "gran amor". Dicen que ese ignora los detallitos y faltas en una relación y lo imposible se vuelve posible si se alcanza esa guajira pasión. Ese que obsesiona por abarcar el universo y promete bajar sol, nubes, luna, y a veces hasta estrellas dependiendo de la situación. Preocupados dicen que los detalles no duran, los detalles no importan si se tiene amor, todo se supera si se tiene ese don.

Una sonrisa cuando se esta triste, será un detallito de segundos. Un café por la mañana será un detallito de minutos. El atender una gripe ajena será un detallito de horas. Pero prefiero esos segundos, esos minutos y esas horas, a ese "gran amor" que ni se ve, ni se siente, ni se mide y por lo tanto a menos que sea de la boca hacia fuera, o en algunos poemas, esa fantasía de hadas no existe.

Pues no es el amor el que me hace sonreír dormido, son tus manos mientras acaricias ese pelo mío. No es el amor el que hace que te extrañe, sino las ganas de reírme contigo de la nada, por detalles. Ni es el amor el que me quita lo herido, sino tus besos, tus caricias, y ese silencio compartido. Las mariposas y los nervios en mi cuerpo que aun existen cuando te veo, no los tejió el amor con sus "hilos de plata" o "suspiros de fuego", sino que nacen porque te admiro, porque tus ojos me vieron y porque un día la musa más bella, tierna y perfecta me dijo: “Yo contigo me quedo”.

Si otros necesitan ese “gran amor” de versos y mundos perfectos… que se casen con libro y sigan con su sueño, yo me quedo con mis detallitos y la musa con la que comparto, risas, lágrimas, felicidad y consejos.

A minuto

Amo a minuto. No el que pasó, ni el que va a pasar, sino en este que aún existe. No por no haberte tenido antes ni por temor a perderte después sino por el sentimiento que me diste. Ese que no espera el atardecer ni se atora en una memoria sino más bien vive. Vive pleno en juventud, diamante de eterna luz, que no se extingue.

Amo a minuto. Por ser esa persona que soy, producto de tu inspiración, que me empuja a lo imposible. Cuando no dejas llegar a mi, flaqueza, desilusión, ni mediocridad que me mimbre. Y me incitas y provocas a ser cada día mejor, sin dejar que yo me rinda, ante obstáculos, la vida o fobias enterradas en el corazón.

Amo a minuto. Por que así lo mereces, porque así lo quiero, porque así lo pediste. Por que me quema si lo entierro y se me escapa si aguardo, en suspiros y sonrisas en desfile. Y me pasa cada vez que te veo y te baño en te amos y te quieros, por que la boca sólo sabe hablar de lo que en el corazón vive.

Hoy el cielo bautiza una estrella en nuestro nombre y motivos niña bella, niña mía, se desbordan al buscar excusas para evitar que su luz se opaque o esconda. Te propongo una vida de intentos, unos fallidos, otros atentos, sin metas ni promesas, sólo motivos para intentar de nuevo. Te propongo intentemos lo posible, sin miedos, sin dudas, dejando lo imposible para después de nuestros entierros.

Empezamos con un beso, después un abrazo, te propongo seguir intentado y así lograr ser plenos.

www.ingramcontent.com/pod-product-compliance
Ingram Content Group UK Ltd.
Pitfield, Milton Keynes, MK11 3LW, UK
UKHW020140250726
13967UKWH00002B/772